VERSTEHEN SIE DAS?

Übungen zum Hörverständnis

von
Eberhard Jacobs
Ritva Karlsson
Ritva Vesalainen

Max Hueber Verlag

1. Auflage

3. 2. 1.	Die letzten Ziffern
1986 85 84 83 82	bezeichnen Zahl und Jahr des Druckes.

Alle Drucke dieser Auflage können nebeneinander benutzt werden.

Umschlaggestaltung: Rotraut Susanne Berner, München
Druck: Ludwig Auer, Donauwörth · Printed in Germany
ISBN 3–19–00.1358–6

Vorwort

„Verstehen Sie das?" ist ein Programm für den Lerner mit Grundstufenkenntnissen in der deutschen Sprache. Das Programm übt systematisch die Fähigkeit, gesprochenes Deutsch zu verstehen. Daher sind die Übungen nach steigendem Schwierigkeitsgrad angeordnet. Es ist für all jene besonders geeignet, die Deutsch in einem Anfängerkurs lernen und sich nach den ersten Lektionen schon in einfachen Alltagssituationen verständigen können, aber auch für jene, die vor längerer Zeit an einem Grundkurs teilgenommen haben und jetzt ihr Deutsch auffrischen möchten.

„Verstehen Sie das?" kann zur Hörverstehensschulung innerhalb des FERTIGKEITSPROGRAMMS DEUTSCH ALS FREMDSPRACHE oder als wichtige Ergänzung zu Grundstufenlehrwerken eingesetzt werden.

„Verstehen Sie das?" hat drei Hauptteile:

- A Übungen zur Schulung und Überprüfung des Verstehens
- B Texte mit der schriftlichen Wiedergabe der auf der Cassette aufgenommenen Hörtexte
- C Lösungen mit den Lösungen zu den Übungen aus Teil A.

HINWEISE FÜR DEN SELBSTLERNER

1) Lesen Sie die Informationen und Übungsanweisungen am Anfang jeder Übung. Hören Sie dann den ganzen Text. Überlegen Sie anschließend: Wieviele Personen sprechen? Was ist Thema und Ort des Gesprächs? Bei längeren Texten (z.B. in Abschnitt V und VI) können Sie sich Notizen machen.

2) Hören Sie den Text noch einmal ohne Unterbrechung. Verstehen Sie den Text jetzt? Dann lösen Sie die Aufgaben im Übungsteil.

3) Sie verstehen den Text noch nicht? Hören Sie dann den Text noch einmal mit Pausen. Überlegen Sie bei jeder Pause, was gesagt wurde. Dann hören Sie den Text noch einmal ohne Pausen. Versuchen Sie jetzt, die Aufgaben im Übungsteil zu lösen.

4) Vergleichen Sie Ihre Lösungen mit den Lösungen im C-Teil.

5) Haben Sie Fehler gemacht? Lesen Sie dann den Text im B-Teil. Nehmen Sie ein Wörterbuch zu Hilfe, wenn Sie wichtige Wörter nicht verstehen.

6) Zum Schluß hören Sie bitte den Text noch einmal und prüfen Sie, ob Sie jetzt auch die schwierigen Teile des Textes verstehen.

HINWEISE FÜR DEN LEHRER

Geben Sie, wenn nötig Erklärungs- oder Übersetzungshilfen für die Information und Übungsanweisungen am Anfang jeder Übung. Dann können Sie im wesentlichen so vorgehen, wie es oben dem Selbstlerner empfohlen wird.

Wir wünschen Ihnen und dem Lerner viel Erfolg.

Der Verlag

Inhalt

C Lösungen

A Übungen

I Hören und Sehen

1. STIMMEN IM HAUS

Schauen Sie sich das Bild unten an. Sie sehen mehrere Personen in einem Haus. Von der Cassette hören Sie jetzt Fragen, Wünsche, Ausrufe usw. Sie sollen entscheiden, wer was sagt. Tragen Sie die entsprechende Zahl in das zugehörige Bild ein!

2. RICHTUNG WILHELMSPLATZ

Schauen Sie sich die zwei Bilder unten genau an! Sie sehen Menschen auf einem Bahnsteig. Von der Cassette hören Sie Fragen, Bitten, Wünsche, Ausrufe usw. Sie sollen entscheiden, wer was sagt. Kennzeichnen Sie die Personen mit entsprechenden Zahlen!

3. VIEL LOS AUF DER STRAẞE

Schauen Sie sich das Straßenbild an! Sie hören wieder Fragen, Wünsche, Ausrufe usw. von der Cassette. Entscheiden Sie, wer was sagt, und kennzeichnen Sie die Personen mit entsprechenden Zahlen!

4. WANN PAẞT ES DIR EIGENTLICH MAL?

Sie hören von der Cassette ein Gespräch zwischen einem Jungen und einem Mädchen. Das Mädchen hat viele Pläne für die Woche. Was macht sie an den einzelnen Wochentagen? Schauen Sie auf die Bilder, und schreiben Sie die Wochentage unter das jeweilige Bild!

5. EIN SCHÖNES WOCHENENDE!

Schauen Sie sich die Bilder genau an! Sie hören von der Cassette Ausrufe, Aussagen, Fragen usw. Welcher Satz paßt zu welchem Bild? Tragen Sie die entsprechenden Zahlen in die Bilder ein!

RESTAURANT

II Minidialoge

1. WIE GEHT ES IHNEN? - DANKE, GUT

Sie hören von der Cassette Fragen, immer fünf in einer Gruppe. Unten finden Sie die passenden Antworten, aber in anderer Reihenfolge. Welche Fragen und Antworten gehören zusammen?

I
A) Kurz nach zehn.
B) Danke gut.
C) Bis neun Uhr.
D) Ich hätte gern eine Tasse Tee.
E) Danke, ich gehe lieber zu Fuß.

1	2	3	4	5

II
A) Nur einen Koffer.
B) Nein, nicht mehr da.
C) Nur 'n 20-Mark-Schein.
D) Durch ein Reisebüro.
E) Ich weiß es noch nicht.

1	2	3	4	5

III
A) Es freut mich.
B) Im Moment leider nicht.
C) Nichts Besonderes.
D) Danke gleichfalls!
E) Gern geschehen.

1	2	3	4	5

IV
A) Danke, ich fahre lieber mit dem Bus.
B) Ja, wir haben noch Platz.
C) Am Markt.
D) Die Stadt ist mir zu groß.
E) Ich gehe aus.

1	2	3	4	5

V

A) In der Messehalle.
B) Diesmal im Süden.
C) Im Supermarkt.
D) Sie müssen eine 60er nehmen.
E) 55 Mark 40 Pfennig.

1	2	3	4	5

VI

A) In einer Viertelstunde.
B) Gern, das paßt mir gut.
C) Zwei Wochen noch!
D) Ja, eins, aber ohne Bad.
E) Nein, ich steige in Frankfurt aus.

1	2	3	4	5

VII

A) Das ist nett, aber heute habe ich leider keine Zeit.
B) Ich habe Grippe.
C) Nein, ich gehe noch zur Schule.
D) Ich studiere noch.
E) Danke, der Braten war ausgezeichnet.

1	2	3	4	5

VIII

A) Für wie viele Personen?
B) Hier ist mein Paß.
C) Immer geradeaus.
D) Leider ist er schon besetzt.
E) Es regnet doch nicht.

1	2	3	4	5

IX

A) Ja, aber nichts Wichtiges.
B) Bring sie doch zur Reparatur.
C) Ganz und gar nicht.
D) Nur etwas Kopfschmerzen.
E) Das war gar nicht so teuer.

1	2	3	4	5

2. WOHIN GEHEN SIE?

In den folgenden kurzen Dialogen auf der Cassette geht es darum, daß Menschen irgendwohin gehen wollen. Aber wohin gehen Sie? Das sollen Sie herausfinden; kreuzen Sie die richtige Lösung an.

Am Anfang erst ein Beispiel:

Frau: Beeil dich, Peter! Es ist schon Viertel vor acht.
Junge: Immer langsam - alter Mann ist doch kein D-Zug. Erst noch 'ne Tasse Kaffee trinken. - Zur Mathe-Arbeit komme ich immer noch pünktlich genug.

Wohin geht der Junge?

A in die Fabrik
B in einen Abendkurs
C in die Schule

C ist richtig. Er geht in die Schule.

Und jetzt sind Sie an der Reihe.

1) Wohin möchte die Frau?

A in die Kirche
B ins Theater
C in eine Parteiversammlung

2) Wohin geht der Junge?

A ins Stadion
B zu einem Boxkampf
C in ein Theaterstück

3) Wohin geht die Familie?

A in eine Imbißstube
B in ein Café
C in ein Restaurant

4) Wohin wollen die beiden?

A zu einem Tanzabend
B ins Theater
C ins Kino

5) Wohin geht der Mann nach der Arbeit?

A zur Apotheke
B zum Arzt
C zum Supermarkt

6) Wohin geht der Junge?

A in einen Jugendclub
B in eine Sporthalle
C zu einem Tanzkurs

7) Wohin werden die beiden gehen?

A zum Schiff
B in den Botanischen Garten
C in die Messehalle

8) Wohin geht der Junge?

A zur Schule
B zur Arbeit
C nach Hause

	1	2	3	4	5	6	7	8
A								
B								
C								

3. WAS FÜR EINEN BERUF HABEN DIE LEUTE?

Sie hören von der Cassette einzelne Äußerungen oder kleine Dialoge. Aus dem, was die Personen sagen, sollen Sie erkennen, was für einen Beruf sie haben. Hier zuerst ein Beispiel:

Mann: So, und nun halten Sie den Kopf bitte ganz ruhig. So ist's gut ... Ja, ganz ruhig bitte ... Und nun machen Sie den Mund weit auf. Ja, der ist nicht mehr zu retten.

Was für einen Beruf hat der Mann?

A Optiker
B Zahnarzt
C Zirkusartist

B ist richtig: Er ist Zahnarzt.

So, und nun sind Sie an der Reihe.

1) Welchen Beruf hat der Mann?

A Arzt
B Zollbeamter
C Polizist

2) Was ist die Frau?

A Besitzerin eines Hotels
B Zimmervermieterin
C Möbelverkäuferin

3) Was ist der Mann von Beruf?

A Metzger
B Schneider
C Friseur

4) Welchen Beruf hat der Mann?

A Schuhmacher
B Optiker
C Verkäufer in einem Sportgeschäft

5) Welchen Beruf hat die Frau?

A Verkäuferin in der Gemüseabteilung

B Verkäuferin in der Fleischabteilung
C Serviererin in einem Restaurant

6) *Was ist der Mann von Beruf?*

A Taxifahrer
B Busschaffner
C Verkehrspolizist

7) *Was ist die Frau von Beruf?*

A Verkäuferin an einem Kiosk
B Verkäuferin in einer Buchhandlung
C Verkäuferin in einer Spielzeugabteilung

8) *Welchen Beruf hat der Mann?*

A Telefonist
B Postbeamter
C Angestellter im Reisebüro

9) *Was ist der Mann von Beruf?*

A Ober
B Tankwart
C Verkäufer in einem Lebensmittelgeschäft

10) *Welchen Beruf hat der Mann?*

A Ober
B Verkäufer
C Fischhändler

	1	2	3	4	5	6	7	8	9	10
A										
B										
C										

4. WORÜBER WIRD GESPROCHEN?

Auch in dieser Übung hören Sie wieder von der Cassette einige kurze Dialoge oder Ausschnitte aus Dialogen. Diesmal sollen Sie erkennen, worüber oder wovon gesprochen wird.

Am Anfang auch hier ein Beispiel:

Mann: Was gibt's denn heute abend?
Frau: Laß mal sehen: Tja, nach der Tagesschau gibt's einen alten Film mit Marlene Dietrich ...
Mann: Den gucke ich mir an.

Worüber sprechen die beiden?

A über das Kinoprogramm
B über das Fernsehprogramm
C über Filmschauspieler

B ist richtig: Sie sprechen über das Fernsehprogramm.

So, und nun sind Sie dran.

1) Worüber sprechen die beiden?

A über ein Bild
B über einen Film
C über ein Buch

2) Worüber unterhalten sich die Mädchen?

A über Jeans
B über Jungen
C über Frisuren

3) Worüber sprechen die beiden?

A über das Wetter
B über das Essen
C über Kleidung

4) Über wen sprechen das Mädchen und der Junge?

A über einen Lehrer
B über einen Klassenkameraden
C über einen Filmschauspieler

5) Worüber sprechen die beiden Männer?

A über ein Geschäftshaus
B über ein Auto
C über eine Reise

6) Worüber unterhalten sich die Jungen?

A über ein Theaterspiel
B über ein Fußballspiel
C über ein Kartenspiel

7) Worüber spricht das Ehepaar?

A über ein Geburtstagsgeschenk
B über eine Tante
C über eine Party

8) Worüber spricht die Frau?

A über eine Hochzeit
B über eine Konfirmation
C über Weihnachten

9) Worüber unterhalten sich die beiden?

A über ein Mixgerät
B über eine Badewanne
C über eine Waschmaschine

10) Worüber berichtet der Mann?

A über die Verspätung eines Freundes
B über den Unfall eines Freundes
C über den Tod eines Freundes

11) *Worüber sprechen die beiden?*

A über das Skilaufen
B über das Geld
C über den Urlaub

12) *Worüber unterhalten sich die Frau und der Mann?*

A über einen Mann
B über eine Reparatur
C über ein Telefon

13) *Worüber unterhalten sich die beiden Männer?*

A über eine Sendung im Fernsehen
B über eine Sendung im Radio
C über eine Theateraufführung

14) *Worüber geht das Gespräch hier?*

A über einen Einkauf
B über eine Reise
C über eine Party

15) *Worüber unterhält sich das Ehepaar?*

A über den Alkohol
B über das Rauchen
C über das Essen

	1	2	3	4	5	6	7	8	9	10	11	12	13	14	15
A															
B															
C															

5. WO FINDET DAS GESPRÄCH STATT?

Sie hören von der Cassette wieder eine Reihe von kurzen Dialogen. Ihre Aufgabe ist es zu bestimmen, wo das Gespräch stattfindet.

Zu Beginn hören Sie wieder ein Beispiel:

Frau: Bitte sehr?
Mann: Ich hätte gern zwei Kilogramm Kartoffeln.
Frau: Noch etwas?
Mann: Sagen Sie, ist der Salat hier frisch?

Wo findet das Gespräch statt?

A auf einem Bauernhof
B im Restaurant
C auf dem Markt

C ist richtig: Das Gespräch findet auf dem Markt statt.

Und jetzt sind wieder Sie an der Reihe.

1) A im Restaurant
B im Schnellimbiß
C im Kino

2) A im Hotel
B auf dem Bahnhof
C an der Theaterkasse

3) A im Kaufhaus
B an der Haustür
C in der Buchhandlung

4) A im Auto
B im Fahrstuhl
C im Bus

5) A an der Würstchenbude
B in der Lottozentrale
C am Fahrkartenschalter

6) A im Wohnzimmer
B in der Diskothek
C am Badestrand

7) A im Sprechzimmer
B im Büro
C im Klassenzimmer

8) A im Fundbüro
B im Schwimmbad
C in der Arztpraxis

9) A im Kaufhaus: Abteilung Herrenanzüge
B in der Schuhabteilung
C im Sportgeschäft: Skiabteilung

10) A auf der Polizeiwache
B im Fundbüro
C auf dem Paßamt

11) A in der Diskothek
B in der Imbißstube
C im Wohnzimmer

12) A auf der Post
B beim Zoll
C in der Bank

13) A am Fahrkartenschalter
B im Bus
C im Zug

14) A am Kiosk
B im Fotogeschäft
C in der Buchhandlung

15) A im Restaurant
B beim Zoll
C in einem Weingeschäft

16) A in der Apotheke
B in der Reinigung
C in der Arztpraxis

17) A im Reisebüro
B im Bus
C auf der Straße

18) A vor dem Theater
B vor der Sporthalle
C vor dem Kino

	1	2	3	4	5	6	7	8	9
A									
B									
C									

	10	11	12	13	14	15	16	17	18
A									
B									
C									

III Mündliche Mitteilungen

Sie hören von der Cassette ein paar kurze Telefongespräche. Hören Sie genau zu, denn nach dem Gespräch sollen Sie einem anderen berichten, worum es geht. Die Namen, die Sie in den Gesprächen hören werden, stehen auf der nächsten Seite.

1. GUTE BESSERUNG

Jürgen Schmidt
Ute Schmidt, seine Schwester
Petra Schumann

Sie sind jetzt Jürgen. Berichten Sie Ute, wenn sie nach Hause kommt, über Ihr Gespräch mit Petra!

2. IST FRÄULEIN DROSNER DA?

Schillerschule
Fräulein Schäfer, Sekretärin
Fräulein Drosner, Lehrerin
Jürgen Brüggemann, ein Schüler
Frau Brüggeman, eine Mutter

Übernehmen Sie die Rolle von Fräulein Schäfer, und berichten Sie Fräulein Drosner, was sie wissen muß!

3. EIN NEUER SESSEL

Erika Rubel
Möbelhaus Seesemann

Sie sind jetzt Erika Rubel und erklären Ihrer Mutter die Sache mit dem Sessel.

4. ER IST GERADE ESSEN GEGANGEN.

Fräulein Weber (in der Exportabteilung der Firma Hansen & Co.)
Herr Kohls
Herr Dr. Uhlmann

Jetzt übernehmen Sie die Rolle von Fräulein Weber. Erklären Sie Herrn Dr. Uhlmann, was Sie in dem Telefonat erfahren haben!

5. KOMMT IHR MIT?

Regine Schaller
Wilhelm Bauer
der Teutoburger Wald, ein großes Waldgebiet an der Weser

Übernehmen Sie jetzt Regines Aufgabe, und erzählen Sie ihrem Vater, was Herr Bauer gesagt hat?

6. HERR BIESON IST NICHT IM HAUS

Herr Meyer, Personalabteilung, Stellvertreter von Herrn Bieson
Fräulein Monika Erdmann
Firma Seuser und Söhne, Exportabteilung

Sie sind Herr Meyer und berichten Herrn Bieson über das Telefongespräch.

IV Wegbeschreibungen

In den folgenden Übungen finden Sie Stadtpläne und Straßenkarten. Dazu hören Sie von der Cassette Wegbeschreibungen. Zeichnen Sie mit einem Stift den Weg in den jeweiligen Plan und kennzeichnen Sie das Ziel!

1. NACH EUTIN?

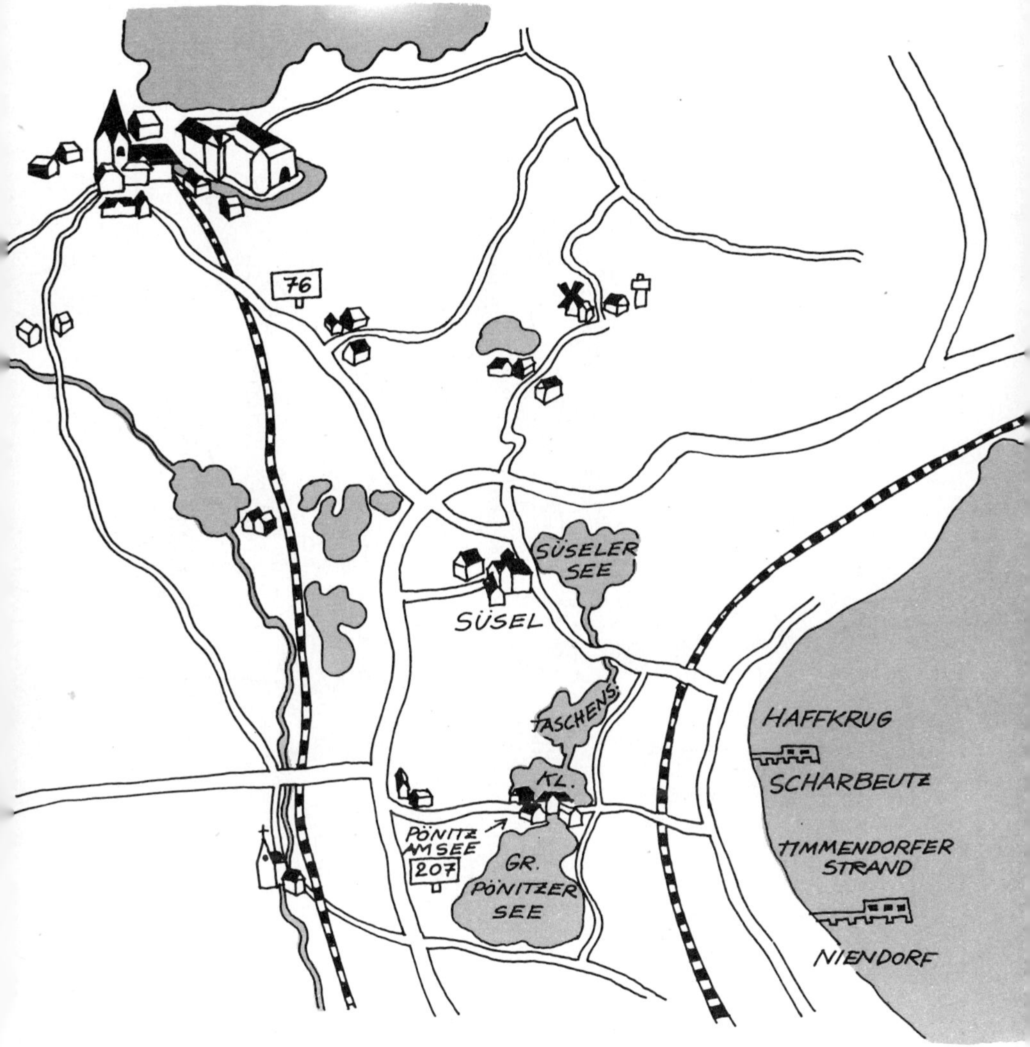

76
SÜSELER SEE
SÜSEL
TASCHENS.
KL.
PÖNITZ AM SEE
207
GR. PÖNITZER SEE
HAFFKRUG
SCHARBEUTZ
TIMMENDORFER STRAND
NIENDORF

2. ZUM CAFÉ NIEDEREGGER?

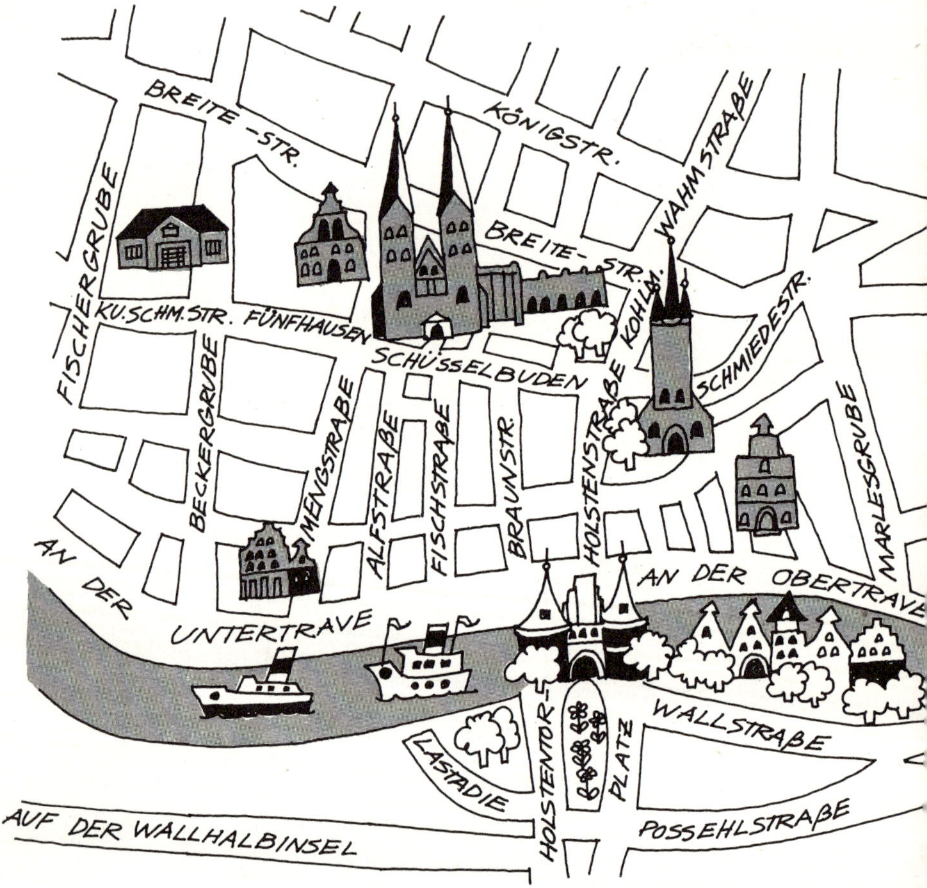

3. ZUM MESSEGELÄNDE?

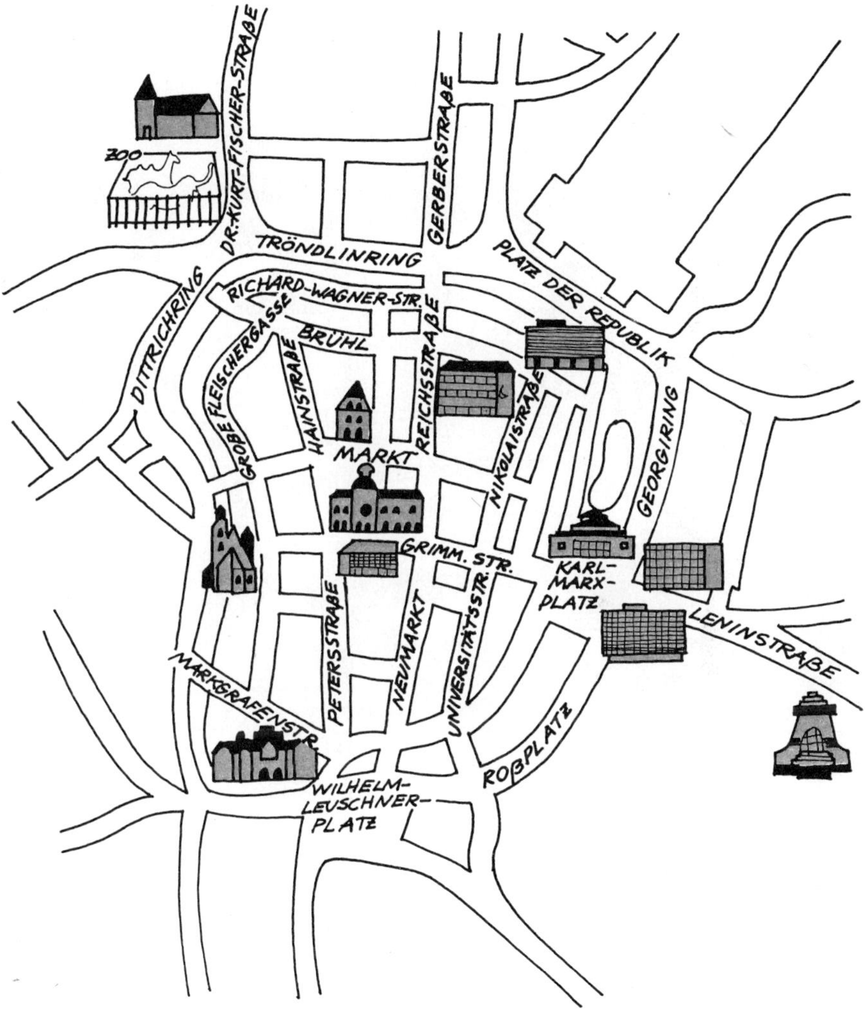

4. ZUR FRAUENKIRCHE?

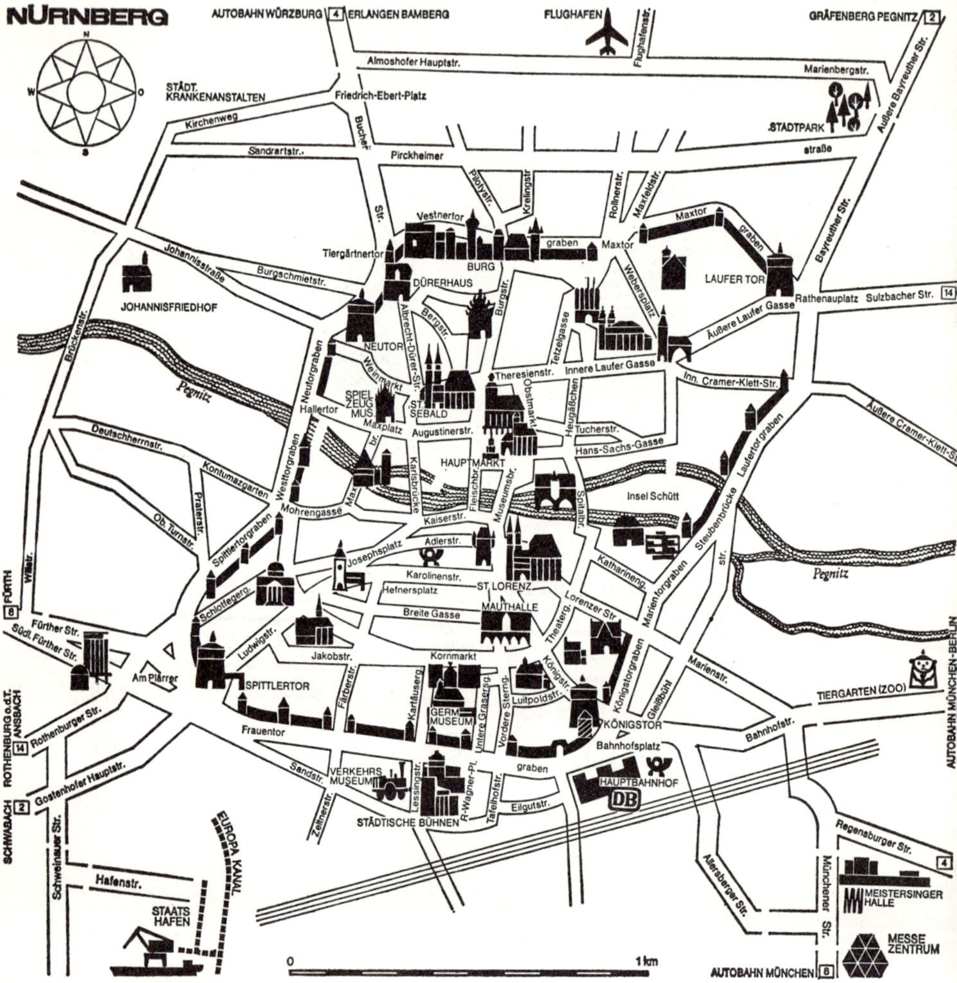

V Dialoge in zwei Versionen

1. UND HINTERHER TANZEN

Sie hören von der Cassette nacheinander zwei Dialoge, zunächst einen ausführlichen Text A und danach einen kurzen Text B. Text A enthält mehr Detailinformationen als Text B, beide enthalten aber dieselben Hauptinformationen.

Fragen zur Verständniskontrolle:

1) Was haben Peter und Gisela an diesem Abend vor?

____

2) Was möchte Gisela vorher machen?

____

3) Was schlägt Peter vor?

____

4) Was kauft Peter sich zuerst?

____

5) Warum laufen sie schnell ins Café?

____

6) Wo sitzen sie im Café?

____

7) Was trinkt Gisela?

____

8) Was bestellen sie zum Essen?

____

9) Was möchte Gisela nach der Theateraufführung machen?

____

10) Wer spielt im Tanzlokal?

____

2. EIN PFUND TOMATEN, BITTE.

Von der Cassette hören Sie einen Dialog auf einem Markt.

I Sie hören einige wichtige Sätze aus dem Dialog. Sprechen Sie sie bitte nach!

II Sie sind jetzt ein Kunde im Gemüseladen. Verwenden Sie die nachgesprochenen Sätze in dem folgenden Dialog! Die Bilder helfen Ihnen.

Verkäufer: Bitte sehr?

Kunde: ______________________________

Verkäufer: Die zu 2,20 oder die zu 1,80 das Pfund?

Kunde: ______________________________

Verkäufer: So, bitte schön. Noch 'n Wunsch?

Kunde: ______________________________

Verkäufer: Bitte sehr. Noch etwas?

Kunde: ______________________________

Welche können Sie ______________________?

Verkäufer: Dieser Apfel hier, ein Boskop, ist etwas sauer. Der Golden Delicious dagegen ist sehr süß.

Kunde: ______________________________?

Verkäufer: Aber selbstverständlich. Ich gebe Ihnen ein Stück. So, bitte schön.

Kunde: ______________________________

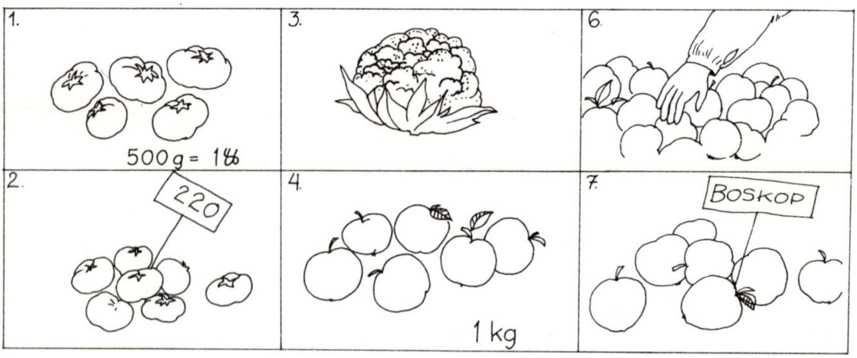

3. SCHON AUSGEBUCHT

Von der Cassette hören Sie ein Telefongespräch in einem Reisebüro zwischen einem Angestellten des Reisebüros und einem Kunden.

Wörter:
buchen - eine Reise kaufen
um/buchen - hier: eine Reise ändern, z.B. den Tag der Reise
ausgebucht - alle Plätze (z.B. in einem Flugzeug) sind verkauft.
die Warteliste - Das Flugzeug ist ausgebucht. Auf einer Warteliste stehen die Namen der Reisenden, die auf frei werdende Plätze warten.
der Personalausweis - die Identitätskarte in der Bundesrepublik

Lückentext als Verständniskontrolle. Ergänzen Sie den Text!

Herr Schäfer ruft im Reisebüro Fehrenberg + Co. an. Er hat vor einiger Zeit ______________________ nach Berlin ________________. Fräulein Kyther hat ihn damals ________________________. Am Dienstag kann Herr Schäfer nicht ________________; er muß also __________________. Er kann erst ________ ______________ fliegen. Die Maschine um 10.10 Uhr ist aber leider _______________. Herr Schäfer muß aber am Mittwoch ______________ in Berlin sein. Er kann aber nicht früher abfliegen, weil er in Düsseldorf _______________ hat. Er kommt jedoch auf die _________________ für den Flug um 10.10 Uhr. Ihm

wird aber auch für die Maschine um 11.25 Uhr ________
__________. Für den Rückflug von Berlin braucht er
unbedingt __________________ oder __________________.
Sein Ticket bekommt er im ______________ der PAN AM
am ____________________.

4. DIE KAFFEEMASCHINE IST KAPUTT.

Sie hören von der Cassette nacheinander zwei Telefongespräche, zunächst einen ausführlichen Text A und dann einen kürzeren Text B. Text A enthält mehr Detailinformationen als Text B, beide enthalten aber dieselben Hauptinformationen.

Wörter:

die Exportabteilung - die Abteilung in einem Betrieb, die für den Verkauf der Waren ins Ausland zuständig ist.

die Reklamation - die Abteilung in einem Betrieb, die für Beschwerden von Kunden zuständig ist.

der Garantieschein - Der Verkäufer verspricht auf dem Garantieschein dem Käufer, für einen bestimmten Zeitraum (z.B. 1 Jahr) eine kaputte Ware umzutauschen oder zu reparieren.

um/tauschen - Der Käufer bekommt vom Verkäufer für eine Ware (z.B. ein Kleidungsstück) eine andere, gleichwertige Ware.

die Gebrauchsanweisung - die Beschreibung, wie man etwas (z.B. ein Elektrogerät) benutzt.

Stimmen die folgenden Behauptungen?

1) Der Mann beschwert sich bei einem Verkäufer im Kaufhaus Wertmann.

2) Seine Frau hat vor ein paar Tagen eine neue Kaffeemaschine gekauft.

3) Zuerst hat das Gerät funktioniert.
4) Die Frau bei der Reklamation will ganz genau wissen, wieviel der Apparat gekostet hat.
5) Es handelt sich um eine teure Maschine.
6) Der Mann hat die Gebrauchsanweisung nicht verstanden.
7) Die Frau in der Reklamation behauptet, daß solche teuren Geräte sehr selten kaputtgehen.
8) Der Mann bekommt ein neues Gerät.
9) Die Kaffeemaschine wird kostenlos repariert.
10) Wenn der Mann das Gerät zurückbringt, muß er die Quittung mitnehmen.

	1	2	3	4	5	6	7	8	9	10
R										
F										

R = richtig, F = falsch

5. EIN SOMMERHÄUSCHEN IN FINNLAND

Sie hören von der Cassette nacheinander zwei Dialoge in einem Reisebüro, zunächst wieder einen ausführlichen Text A und danach einen kurzen Text B. Text A enthält mehr Detailinformationen als Text B, beide enthalten aber dieselben Hauptinformationen.

Wörter:
die Kreuzfahrt - eine Reise mit einem Schiff
das Blockhaus - ein kleines Holzhaus
die Schiffspassage - die Fahrt mit dem Schiff über ein Meer, einen See oder einen Fluß

Lückentext zur Verständniskontrolle. Ergänzen Sie, was fehlt!

Hans: Hallo, Inge, hier Hans. Ich war eben im Reisebüro wegen unserer Finnlandfahrt.

Inge: Prima. Hatten die günstige Angebote?

Hans: Ich finde, ja. Zuerst haben sie mir eine Pauschalreise angeboten. Dazu gehören ______________ ______ plus ____________________ und kurzen Aufenthalt in ______________________________.

Inge: Schön. Aber mit Kindern geht das doch nicht! Was gab's denn sonst?

Hans: Wir könnten in ___________________ wohnen oder _____________________ mieten.

Inge: Wir sollten uns das in aller Ruhe überlegen. Hast du Prospekte mitgebracht?

Hans: Nein, aber ____________________ haben sie mir gegeben.

Inge: Wir haben ja noch viel Zeit bis zu den Ferien.

Hans: So einfach ist das nicht. Wir sollten möglichst bald die Reservierung machen, denn _____________ _______________________.

Inge: Was hat denn dir am besten gefallen?

Hans: Ich habe was sehr Schönes gefunden: ein ________ _______________________ direkt am ______________.

Inge: Gibt's da auch eine Sauna?

Hans: _________________________.

Inge: Wie viele Personen können denn da schlafen?

Hans: Da gibt's Platz für ________________________.

Inge: Sag mal, kann man dort auch rudern und fischen?

Hans: ________________________.

Inge: Wie fahren wir? Über Schweden?

Hans: ________________________________.

Inge: Und wann fahren wir loß? Was hast du gedacht?

Hans: Wir sollten _________________ losfahren, und wir bleiben dort ____________________________.

6. ICH HATTE EINEN UNFALL.

Sie hören von der Cassette nacheinander zwei Telefongespräche, zunächst einen ausführlichen Text A und danach einen kurzen Text B. Text A enthält mehr Detailinformationen als Text B, beide enthalten aber dieselben Hauptinformationen.

Wörter:

der Wagen kommt ins Schleudern - der Wagen fängt an, sich von selbst zu drehen und läßt sich nicht mehr steuern

überholen - an jemandem vorbeifahren

der blaue Fleck - ein blauer Fleck auf der Haut entsteht durch starken Druck auf die Haut (z.B. bei einem Sturz)

die Gehirnerschütterung - Krankheit durch einen starken Schlag auf den Kopf (das Gehirn ist das Organ im Kopf, mit dem man denkt)

der Reifen - äußerer Teil eines Rades (aus Gummi)

meckern - sich beschweren (negativ)

Kreuzen Sie die richtigen Antworten an!

1) *Wo telefoniert Herr Krüger?*
   A auf der Polizeiwache
   B in einer Telefonzelle
   C im Krankenhaus

2) *Wie ist der Unfall passiert?*
   A Herr Krüger fuhr gegen einen Mercedes
   B ein VW fuhr gegen seinen Wagen
   C ein Mercedes überholte ihn

3) *Der Wagen von Herrn Krüger ist geschleudert. Warum?*
   A es hatte geschneit
   B die Bremsen funktionierten nicht
   C das Wetter war schlecht

4) *Was ist Herrn Krüger beim Unfall passiert?*
   A nichts Besonderes
   B er ist schwer verletzt
   C er hat leichte Verletzungen

5) *In dem Mercedes saß eine Frau. Wie ist ihr Zustand?*
   A es ist ihr nichts passiert
   B sie hatte einen Nervenschock
   C ihr Zustand ist nicht kritisch

6) *Wie sieht der Wagen von Herrn Krüger aus?*
   A er ist beschädigt
   B er ist völlig in Ordnung
   C er ist völlig kaputt

7) *Wo ist der Wagen jetzt?*
   A die Polizei hat ihn wegtransportiert
   B er steht an der Unglücksstelle
   C vor der Polizeiwache

8) *Warum meint Frau Krüger, daß ihr Mann beim Unfall schuld hat?*
   A die Reifen seines Wagens waren zu alt

B die Bremsen waren kaputt
C er ist zu alt, um Auto zu fahren

9) *Wie können die Krügers die Folgen des Unfalls bezahlen?*
A sie müssen ihr Haus verkaufen
B es ist ihnen finanziell unmöglich
C sie sparen und arbeiten mehr

	1	2	3	4	5	6	7	8	9
A									
B									
C									

VI Interviews

1. EIN NEUER IN MÜNCHEN

Sie hören von der Cassette ein Interview mit Kurt, einem Schüler in München. Kurt erklärt, warum er nach München gezogen ist und wie es ihm dort gefällt. Er berichtet über sein Verhältnis zu seinem Vater und seiner neuen Mutter, der zweiten Frau seines Vaters.

Wörter:
das Vorurteil - über eine Person oder Sache etwas Negatives sagen, ohne sie zu kennen
die Stiefmutter - nicht die richtige Mutter, zweite Frau des Vaters
das Eingewöhnen - der Prozeß, in dem man mit einer neuen, fremden Umgebung langsam vertraut wird
der Krach - der Streit
sich verhalten - hier: sein
schüchtern - ängstlich

Fragen zur Verständniskontrolle:

1) Wie alt war Kurt, als er nach München kam?

____

2) Was ist sein Vater von Beruf?

____

3) Was war seine Mutter?

____

4) Was für ein Haus hatten sie in Essen?

____

5) In wen verliebte sich Kurts Vater?

____

6) Was machte der Vater darum?

____

7) Wie alt war Kurt damals?

____

8) Warum zog Kurt nach München?

____

9) Wie war Kurts Verhältnis zu seiner Stiefmutter am Anfang?

____

10) Warum ist er im Moment recht zufrieden mit seinem Leben?

____

11) Wie war Kurts Verhältnis früher zu seinem Vater?

____

12) Wie ist sein Kontakt zu ihm jetzt?

____

13) Warum findet Kurt nur schwer Freunde?

____

14) Wie sieht Kurt seine Zukunft?

____

2. MARIUS, DER MUSIKER

Auf der Cassette hören Sie ein Interview mit Marius. Er ist Schüler, sechzehn Jahre alt und wohnt in Bad Homburg, in der Nähe von Frankfurt. Wir haben Marius interviewt, weil er zu den vielen Jugendlichen gehört, die sich für Rockmusik interessieren und auch selbst Musik machen.

Hier haben Sie Fragen des Interviews. Versuchen Sie jetzt, die Rolle von Marius zu spielen und die Fragen kurz zu beantworten!

1) Welches Instrument spielst du, Marius?

____

2) Hast du dein Instrument selbst gekauft?

____

3) Was ist ein „elektronisches" Instrument?

____

4) Eure Verstärker sind sicher sehr teuer. Was kostet denn deiner?

____

5) Wie hast du das Geld für deine Instrumente zusammengespart?

____

6) Hast du Freunde, die auch ein Instrument spielen?

7) Wo triffst du deine Kameraden?

8) Wäre es möglich, in einer Wohnung zu spielen?

9) Du gehörst also zu einer Gruppe. Welche Instrumente gibt es in deiner Gruppe?

10) Ihr habt sogar eine Orgel? Wie kann ein junger Musiker sich ein so teures Instrument leisten?

11) Wollt ihr auch auftreten, ein Konzert geben?

12) Wer sind eure Vorbilder?

13) Gibt es in Bad Homburg gute Bands?

14) Hat eure Gruppe schon einen Namen?

3. EINE KLEINE UNO

UNO = United Nations Organization

Wenn Barbara und Jürgen Klunker in Schondorf am Ammersee mit ihren vier kleinen Kindern spazierengehen, dann schauen die Leute sie neugierig an. Warum das?

Nun, zwei der Kinder sind blond und haben blaue Augen, und zwei sind von dunkler Hautfarbe und haben schwarze Kulleraugen - das ist natürlich etwas ganz Ungewöhnliches. Die Klunkers haben die beiden farbigen Kinder adoptiert. Wir sind nach Schondorf gefahren und haben dem Ehepaar Klunker ein paar Fragen gestellt.

Lückentext zur Verständniskontrolle. Sie wissen jetzt Bescheid über diese ungewöhnliche Familie. Beantworten Sie die Fragen, oder ergänzen Sie, was fehlt!

Was ist Herr Klunker von Beruf?

- ______________________________.

Wo arbeitete er früher?

- In einem Forschungs__________________.

Wo arbeitet er jetzt?

- ______________________________.

Warum ist er von der Forschung weggegangen?

- Er wollte lieber ____________________ arbeiten.

Welchen Beruf hat Frau Klunker?

- Sie ist ______________________________.

Warum haben die Klunkers Kinder adoptiert?

- Ihrer Meinung nach ____________________________.

Die meisten Menschen können nur ihre eigenen Kinder richtig lieben. Was sagen die Klunkers dazu?

- ____

____.

Sind die Adoptivkinder den Klunkers wirklich genauso lieb wie die eigenen Kinder? Was sagen sie selbst dazu?

- ____.

Wann haben die Klunkers ihr erstes Kind adoptiert?

- Als sie ______________________________.

Wie alt sollte ihr erstes Adoptivkind sein?

- ______________________________.

Es ist gar nicht so einfach, ein Kind zu adoptieren. Was haben die Klunkers als erstes getan?

- Sie setzten sich mit ______________________________ in Verbindung.

Woher kam Nicole?

- Aus ______________________________.

Wie alt war sie, als sie zu Klunkers kam?

- ______________________________.

Nicole ist farbig. Hatten die Klunkers das gewünscht?

- ______________________________.

Die Klunkers haben auch einen Sohn, Daniel. Wann wurde er geboren?

- ______________________________.

Dann haben die Klunkers Shandor adoptiert. Wer ist sein wirklicher Vater?

- ______________________________.

Später wollen die Kinder natürlich wissen, warum sie so verschieden sind. Wie wollen die Klunkers ihnen das erklären?

- ______________________________

______________________________.

Welches Erziehungsprinzip haben die Klunkers?

- Das Wichtigste ist, daß die Eltern ______________________________

______________________________.

VII Telefonate

1. ES IST SO HEIß.

In den folgenden drei Abschnitten hören Sie jeweils ein Telefongespräch. Im Anschluß an jedes Gespräch lösen Sie bitte die entsprechenden Aufgaben.

I Fragen zum Inhalt - kreuzen Sie die richtige Alternative an:

1) Mit wem spricht Hans zu Beginn?
A mit Inges Mutter
B mit Inges Tante
C mit Inge
D mit Inges Schwester

2) Woher kam Inge gerade?
A vom Ballett
B vom Judo
C vom Jugendclub
D vom Rudertraining

3) Wo ist Hans gerade?
A zu Hause
B bei einem Freund
C in einem Jugendclub
D im Schwimmbad

4) Was machen Hans und Inge am Wochenende?
A sie fahren an die Ostsee
B sie fahren an den Timmendorfer Strand
C sie gehen ins Schwimmbad
D sie besuchen Stefan und seine Freunde

5) Wann wollen sie losfahren?
A im Laufe des Vormittags
B zwischen acht und neun
C in der Mittagszeit
D sehr früh, vor acht

	1	2	3	4	5
A					
B					
C					
D					

II Sie lesen jetzt jeweils einen Satz aus dem Text, den Sie gehört haben. Wie ging's dann weiter? Kreuzen Sie die richtige Alternative an.

1) „Entschuldigen Sie bitte die Störung ..."
A Ich wollte Sie nicht wecken.
B Kann ich später noch mal anrufen?
C Könnte ich wohl mit Inge sprechen?
D Ich möchte Ihnen gern eine Frage stellen.

2) „Möchtest du etwa mit ihm sprechen?"
A Ja gern, mein Schatz.
B Aber nein, Hans.
C Lieber erst morgen, Süßer.
D Wie kommst du denn darauf, Liebling.

3) „Wir treffen uns am Hauptbahnhof vor den Fahrkartenschaltern?"
A Nein, lieber an der Sperre.
B Warum eigentlich nicht?
C Keine schlechte Idee.
D Abgemacht.

	1	2	3		1	2	3
A				B			
C				D			

2. DEUTSCHKENNTNISSE GUT

Wörter:

die Korrespondentin - die Angestellte, die für den Briefwechsel verantwortlich ist.

die Wirtschaftsschule - Hochschule oder Universität, an der man Ökonomie studieren kann

die Wirtschaftswissenschaften - z.B. Volkswirtschaft und Betriebswirtschaft

die Ausbildung - die Lehre oder das Studium

Lückentext zur Verständniskontrolle. Ergänzen Sie, was fehlt!

Herr Schubert: Frau Bachmann, könnten Sie so nett sein und mir ein bißchen helfen? Morgen kommt eine junge Dame hierher, die eine Stelle sucht. Ich habe schon mit ihr gesprochen, aber morgen bin ich nicht da. Wäre es möglich, daß die Dame zu Ihnen kommt?

Frau Bachmann: Natürlich, Herr Schubert. Worum geht es denn?

Herr: Die Dame hatte unsere ______________________ in der Zeitung gesehen. Ich meine die, wo wir ____________________ suchen. Und jetzt möchte sie gern zu uns kommen.

Frau: Wie lange soll sie denn bei uns arbeiten?

Herr: Nur _________________________. Sie wird die Stelle von Frau Büttner bekommen.

Frau: Ist Frau Büttner krank?

Herr: Nein, sie _____________________________________.

Frau: Wann beginnt denn die Neue bei uns?

Herr: Am ____________________ kann sie anfangen.

Frau: Wie ist ihr Name?

Herr: Sie heißt Brita Sundström.

Frau: Sundström? Ist das eine Schwedin?

Herr: ____.

Frau: Wie alt ist sie?

Herr: ____.

Frau: Spricht sie gut deutsch?

Herr: ____.

Frau: War sie früher schon mal in Deutschland?

Herr: Das weiß ich nicht. Sie hat ihr Deutsch
____________________ gelernt.

Frau: Was für eine Ausbildung hat sie?

Herr: Sie hat ____________________ gemacht und
schon ______________ in Helsinki ____________.

Frau: Was macht sie denn hier in Köln?

Herr: ____.

Frau: Kann Fräulein Sundström gut maschineschreiben?

Herr: Ich glaube schon. Sie hat ____________________
______________ an der Volkshochschule gehabt.

Frau: Wie sind ihre sonstigen Sprachkenntnisse?

Herr: Sie spricht ______________________________.

Frau: Und wann kommt sie morgen?

Herr: ____.

Frau: Hoffentlich findet sie den Weg!

Herr: Keine Angst! Ich habe ihr gesagt, sie soll
_________________ bis Habsburgerring nehmen.

3. WAS MACHST DU DENN HIER IN WIEN?

I Beantworten Sie die folgenden Fragen so kurz und genau wie möglich:

1) Was für einen Beruf hat Kurt Aschenbach?

____

2) Wo ist er beschäftigt?

____

3) Aus welchem Land kommt Bruno Wispler?

____

4) Was für einen Beruf hat er?

____

5) Aus welchem Grunde ist er in Wien?

____

6) Woher weiß Wispler, daß Aschenbach jetzt in Wien lebt?

____

7) Woher kennen sich die beiden?

____

8) Wohin lädt Aschenbach seinen Freund Wispler zunächst ein?

____

9) Warum wollen sie sich lieber im Zentrum treffen?

____

10) Wo im Zentrum treffen sie sich?

____

11) Wie lange haben sie sich eigentlich nicht gesehen?

____

II Sie lesen jetzt, wie schon früher, jeweils einen Satz aus dem Text, den Sie gehört haben. Wie ging's dann weiter? Kreuzen Sie die richtige Alternative an:

1) „Hier ist Bruno."
A Das ist aber eine Überraschung, Bruno.
B Bruno? Verzeihung, aber ich verstehe nicht recht...
C Ich kenne niemanden von der UNO.
D Bruno? Auf deinen Anruf habe ich schon gewartet.

2) „Also hast du die Karriere gemacht, Bruno."
A Ja, das kann man wohl sagen.
B Wenn ich ehrlich sein soll, ja.
C Ach was, so'n wichtiger Mann bin ich nicht.
D Findest du, Kurt?

3) Hast du heute abend noch etwas vor, Kurt?
A Also, heute abend paßt es mir gar nicht.
B Nee, das habe ich schon hinter mir.
C Ja, aber das kann ich verschieben.
D Nee. Komm doch zu mir 'raus, Bruno.

4) „Bestell schon mal einen für mich mit!"
A Langsam, langsam.
B Du scheinst ja'n ganz schönen Durst zu haben.
C Wird gemacht, Bruno.
D Wenn du meinst, Bruno.

	1	2	3	4
A				
B				
C				
D				

VIII Diskussionen

1. ÄRGER UM DEN URLAUB

Zum Schluß hören Sie von der Cassette nun drei Diskussionen. In der ersten diskutiert eine Familie (Vater, Mutter, Christa und Peter) über Urlaubsprobleme.

Fragen zur Verständniskontrolle:

1) Warum möchte Vater wieder nach Remene fahren?

____

2) Warum möchte er da nur Deutsche treffen?

____

3) Warum will er sein Auto mitnehmen?

____

4) Warum möchte Christa nicht mehr nach Remene?

____

5) Warum gefiel der Urlaub in Remene Peter gar nicht?

____

6) Warum will Vater keine neuen Menschen kennenlernen?

____

7) Warum möchte er möglichst viel mit seiner Familie zusammen sein?

____

8) Was erwartet Mutter von ihrem Urlaub?

____

9) Wie hat sich Christa in Remene gefühlt?

____

10) Was möchte Peter in diesem Sommer am liebsten machen? Warum?

____

11) Was schlägt Christa am Morgen vor?

____

12) Was halten die anderen davon?

____

13) Was hat Mutter einen halben Tag lang gemacht?

____

14) Was möchte Christa im Urlaub machen?

____

15) Was will Peter im Urlaub erleben?

____

16) Warum macht Vater viele neue Vorschläge?

____

17) Was bemerkt die Familie zuletzt?

____

2. PROBLEME IM ELTERNHAUS

Wir haben hier vier junge Leute aus Berlin, und heute wollen wir über ein Thema diskutieren, das Ihnen sicher auch nicht fremd ist, nämlich über Probleme Jugendlicher im Elternhaus. Es wird ja viel darüber geschrieben und gesprochen, daß die jungen Menschen sich mit ihren Eltern nicht so gut verstehen.

Wörter:

das Verhältnis - die Art des Kontaktes zwischen Personen

das Vertrauen - der feste Glaube an eine Person, z.B. daran, daß sie richtig handeln wird

der Krach - ein starker Streit

jemandem Entscheidungen abnehmen - hier: einer Person sagen, was sie tun soll, ohne sie zu fragen, was sie selbst tun möchte

Im folgenden finden Sie eine Reihe von Aussagen. Kreuzen Sie bitte an, wer von den jungen Leuten welche Aussage gemacht hat. Passen Sie auf - manchmal haben zwei oder mehr der jungen Leute dieselbe Meinung! Zuerst sollen Sie aber die Aussagen zweimal aufmerksam durchlesen.

Wie ist das Verhältnis der Jugendlichen zu ihren Eltern?

	S	H	C	K
1. Ich komme mit meinen beiden Eltern gut aus.				
2. Ich habe kein Verhältnis mehr zu meinem Vater.				
3. Mit meiner Mutter komme ich gut aus.				
4. Mit meinem Vater kann man nicht sprechen.				
5. Über meine persönlichen Probleme spreche ich lieber nicht mit den Eltern.				

	S	H	C	K
6. Ich kann mit meiner Mutter auch persönliche Probleme besprechen.				
7. Meine Eltern haben nicht genug Vertrauen zu mir.				
8. Ich berücksichtige die Meinung meiner Mutter/meiner Eltern.				

Warum gibt es Schwierigkeiten?

1. Mein Vater will, daß ich genauso denke wie er.				
2. Die Eltern glauben nicht, daß die Kinder selbst entscheiden können.				
3. Wir haben keine gemeinsamen Interessen.				
4. Ich vergesse meinen Vater oft.				

Wie könnte man das Verhältnis zwischen den Kindern und den Eltern verbessern?

1. Ich habe keine Idee.				
2. Die Eltern sollten nicht so autoritär sein.				
3. Die Eltern sollten den Kindern mehr Freiheit geben.				
4. Kinder und Eltern sollten mehr Vertrauen zueinander haben.				

S = Silke H = Hartmut C = Christine K = Klaus

3. ÜBER SINN UND UNSINN DER ZENSUREN

Karin und Thomas, zwei Sechzehnjährige, unterhalten sich mit einem Interviewer über Sinn und Unsinn der Zensurengebung in der Schule. Karin besucht die 10. Klasse einer Mittelschule und Thomas dieselbe Klasse eines Gymnasiums.

Wörter:

die Note(n) - In Deutschland werden die Leistungen in der Schule mit Zahlen (Noten) von eins bis sechs gemessen. 'Eins' ist die beste und 'sechs' die schlechteste Note.

ab/schaffen - eine Sache (z.B. Gesetze, Regeln, Steuern) beseitigen: Schafft man die Steuern ab, dann muß man keine Steuern mehr bezahlen.

der Streber - ein sehr fleißiger und guter Schüler, der immer besser sein will als die anderen

beurteilen - hier: Gründe nennen, warum man eine Sache oder eine Person negativ oder positiv findet

Kreuzen Sie die richtige Alternative an!

1) *Warum will man die Zensuren und Zeugnisse abschaffen?*
   A Weil die Leistungen der Schüler so schwach sind.
   B Weil die Eltern gegen die Zensuren sind.
   C Weil das heutige System für einen bestimmten Schülertyp besonders günstig ist.

2) *Was meint Thomas zur Notengebung?*
   A Man sollte die Zensuren sofort abschaffen.
   B Die Noten messen sehr gut.
   C Das alte System erst mal behalten.

3) *Was meint Karin dazu?*
   A Unsere Gesellschaft braucht die Noten.
   B Man sollte die Notengebung völlig verändern.
   C Die Noten sind nur für den Lehrer da.

4) *Welche Faktoren spielen bei der Notengebung eine Rolle? Thomas meint:*

A Vieles hängt davon ab, was für einen Kontakt der Lehrer zu seiner Klasse hat.

B wie alt der Lehrer ist.

C was für eine Ausbildung der Lehrer hat.

5) *Karins Meinung dazu:*

A Man darf die Zensuren der jüngeren Lehrer schon kritisieren.

B Die älteren Lehrer wollen keine Kritik an ihren Zensuren hören.

C Es hängt von dem Typ des Lehrers ab, ob er Kritik hören will.

6) *Warum ist der Computer im Unterricht nicht geeignet?*

A Er würde negativ auf das Klassenklima wirken.

B In einigen Fächern würde er den Unterricht einseitig machen.

C Die Leistungen der Schüler würden dadurch viel schlechter.

7) *Wie ist Karins Meinung über das Verhalten der Lehrer heutzutage?*

A Sie kümmern sich zu wenig um die persönlichen Schwierigkeiten der Schüler.

B Sie sind ziemlich gut über die Schwierigkeiten informiert, die die Schüler zu Hause haben.

C Sie haben selbst so viele persönliche Schwierigkeiten.

8) *Wie ist die Haltung der Lehrer zur Zensurengebung? Karins Meinung:*

A Die Lehrer lassen die Schüler oft Zensurenvorschläge machen.

B Die Lehrer finden nicht wichtig, was die Schüler zu den Zensuren sagen.

C Die Lehrer sprechen nie mit den Schülern über die Zensuren.

9) *Die Meinung von Thomas:*

A Die Schüler können Leistungen genauso objektiv beurteilen wie die Lehrer.

B Die Lehrer verstehen viel mehr von der Zensurengebung.

C Die Lehrer brauchten mehr Ausbildung, um gerechter beurteilen zu können.

10) *Was meinen Thomas und Karin zur Notenskala?*

A Es gibt zu viele Noten.

B Man sollte nur schriftliche Bemerkungen geben.

C Man sollte in der Bewertungsskala mehr Möglichkeiten zulassen.

	1	2	3	4	5	6	7	8	9	10
A										
B										
C										

B Texte

I Hören und Sehen

1. STIMMEN IM HAUS

1. Frau: Hör mal, Herbert! Gehen wir da auch an den Strand? Soll ich meinen Bikini mitnehmen?
2. Frau: Hast du schon gehört, was gestern abend bei Müllers passiert ist? Frau Denker, die wohnt doch nebenan... Also, die hat mir heute morgen alles erzählt. Also, das muß ich dir erzählen! (ruft) Inge, mach mal die Musik etwas leiser!
3. Frau: Peter, muß das Fernsehen so furchtbar laut sein? Der Lärm macht mich noch verrückt! Ich vertippe mich ja dauernd!
4. Frau: Das Essen wird kalt, Otto! (Mann:) Jaja! Ich komme ja schon. Nur noch die Scheiben!
5. Junger Mann: Mama, weißt du, wo meine Brille ist? Ich kann sie nicht finden. Und es ist schon Viertel vor acht. Und mir fehlen noch Bücher, wo sind die? Komm doch mal, Mama!
6. Frau (verärgert:) Immer dasselbe! Nichts als Dreck! Können die Leute nicht die Schuhe abtreten!

2. RICHTUNG WILHELMSPLATZ

1. Mädchen: Guck mal, morgen gibt's ein Jazzkonzert in der Philharmonie!
2. Mann: Einmal Marienplatz, bitte.
3. Junge Frau: Zu dumm, jetzt ist er gerade abgefahren!
4. Frau: Eine Frankfurter Allgemeine Zeitung, bitte!
5. Mann: Zurückbleiben vom Zug!
6. Mädchen: Mensch, es ist schon zehn nach vier!
7. Mann: Könnten Sie mir bitte sagen, wo hier die Züge in Richtung Wilhelmsplatz abfahren?

8. Mann: Verflixt, der Fahrkartenautomat ist schon wieder kaputt!

9. Junge: Sonderausgabe! Bayern München wieder Europameister! Mord im Stadtpark!

10. Mädchen: Die Tüte Pfefferminzbonbons da!

3. VIEL LOS AUF DER STRAßE

1. Frau: Ulrich, du darfst nicht mehr weggehen! Deine Aufgaben, Ulrich! Und den Hund mußt du auch noch rausbringen!
2. Frau: Ich hab's genau gesehen. Der Mercedes ist zu schnell gefahren. Der hat da schuld!
3. Mann: Sind Sie total verrückt? Ich hatte doch Vorfahrt!
4. Mann: Mit dem Zug geht's viel zu langsam. Ich glaube, ich fliege nach Spanien. Vielleicht sollte ich ein Ticket bestellen.
5. Mann: Entschuldigen Sie bitte. Ich muß unbedingt mit dem Hausmeister sprechen. Wo finde ich ihn?
6. Frau: Komm, Peter! Wir dürfen hier nicht stehenbleiben!
7. Mann: Furchtbar, dieser Verkehr. Wenn ich an jeder Straßenecke so lange warten muß, komme ich noch zu spät ins Büro.
8. Alter Mann: Nicht so schnell, Karo! In ein paar Minuten sind wir im Park.
9. Junge: Hans, siehst du? Da rechts ist was passiert. Komm, wir schauen mal, ob die Scheinwerfer kaputt sind!
10. Mann: Schreien Sie nicht so! Wenn die Polizei kommt, sehen wir schon, wer schuld hat.

4. WANN PAẞT ES DIR EIGENTLICH MAL?

Peter: Hallo, Gitte, wie geht's?

Gitte: Hallo, Peter. Gut geht's mir. Und dir?

Peter: Na ja, es geht. Du, kommst du heute abend mit ins Kino? Ich wollte schon lange mal mit dir ins Kino gehen.

Gitte: Du, warte mal, heute ist Mittwoch, da habe ich Training im Volleyballclub. Tut mir leid, Peter.

Peter: Na, und wie wär's mit morgen?

Gitte: Morgen? Geht nicht, da bin ich mit Claudia verabredet. Wir wollen uns Jeansanzüge kaufen.

Peter: Und Freitag, hast du da auch was vor?

Gitte: Hab ich, Peter. Tut mir richtig leid. Am Freitag sind wir, wir alle aus meiner Klasse, im Schwimmbad.

Peter: Aha. Na, ob du am Sonnabend frei bist, das wage ich schon gar nicht mehr zu fragen.

Gitte: Tja, am Sonnabend soll ich meiner Mutter beim Saubermachen helfen. Meine Eltern erwarten am Abend eine Menge Gäste.

Peter: Am Sonntag habe ich übrigens selber was vor.

Gitte: Ich habe nichts Besonderes vor, aber ich will mal so richtig ausschlafen.

Peter: Und am Montag, geht's da?

Gitte: Weißt du nicht? Am Montag gibt's doch diesen berühmten Film von Bergmann im Fernsehen.

Peter: Ach ja, den will ich mir ja auch angucken. Und am Dienstag?

Gitte: Du, Peter, sei nicht böse, aber am Dienstag bin ich mit Klaus in der Diskothek verabredet. Sei mir bitte nicht böse.

Peter: Ja, Herrgottnochmal, wann paßt es dir eigentlich mal?

Gitte: Na, heute in einer Woche, also am Mittwoch nächster Woche. Wie wär's?

Peter: Du, weswegen wollten wir uns eigentlich verabreden?

5. EIN SCHÖNES WOCHENENDE!

1. Mann: Ich glaube, wir fahren am besten über Braunschweig.
2. Mädchen: Mensch, ist es heute heiß!
3. Junge: Ist es kalt?
4. Mann: Ach, du fährst heute auch mit dem Bus?
5. Mann: Hier sind zehn Mark, stimmt so.
6. Junge: Erst mal vier Cola, Fräulein, und dann...
7. Frau: Na, ist ja reichlich spät geworden, was?
8. Mann: Hallo, Taxi!
9. Mädchen: Na, wie fandet ihr den Film?

II Minidialoge

1. WIE GEHT ES IHNEN? - DANKE, GUT

I
1. Wie geht es Ihnen?
2. Was darf ich Ihnen anbieten?
3. Wie spät ist es?
4. Darf ich Sie nach Hause fahren?
5. Wie lange dauert die Vorstellung?

II
1. Was machen Sie am Wochenende?
2. Haben Sie Gepäck?
3. Haben Sie noch die Zeitung von gestern?
4. Hast du Geld bei dir?
5. Wie haben Sie das Zimmer gefunden?

III
1. Ist Herr Müller zu sprechen?
2. Ein schönes Wochenende!
3. Darf ich Sie mit Frau Schmidt bekannt machen?
4. Vielen Dank für Ihre Hilfe!
5. Was ist denn los hier?

IV
1. Wie gefällt es Ihnen hier?
2. Kann ich Sie im Wagen mitnehmen?
3. Was hast du heute abend vor?
4. Wo wollen Sie aussteigen?
5. Darf ich bis zum Bahnhof mitfahren?

V

1. Wieviel macht das zusammen?
2. Was kostet eine Postkarte nach Finnland?
3. Wo findet die Ausstellung statt?
4. Wo kann man hier einkaufen?
5. Wo waren Sie im Urlaub?

VI

1. Fahren Sie bis nach München?
2. Fahren Sie jetzt los?
3. Kommen Sie doch nächste Woche mal vorbei!
4. Wie lange bleiben Sie hier?
5. Haben Sie noch ein Zimmer frei?

VII

1. Hat es Ihnen geschmeckt?
2. Darf ich dich zum Mittagessen einladen?
3. Was ist denn mit dir los?
4. Was sind Sie von Beruf?
5. Studieren Sie an der Universität?

VIII

1. Ist dieser Platz noch frei?
2. Können Sie mir bitte sagen, wie ich zum Bahnhof komme?
3. Ich möchte einen Tisch bestellen.
4. Soll ich den Schirm mitnehmen?
5. Ihre Papiere, bitte!

IX

1. Was haben Sie denn dafür bezahlt?
2. Störe ich Sie?
3. Meine Uhr ist kaputt.
4. Hat der Briefträger was gebracht?
5. Fühlst du dich nicht wohl?

2. WOHIN GEHEN SIE?

1. Frau: Also, Karl, wir sollten wirklich mal wieder hingehen.
   Mann: Wie spät ist es denn jetzt?
   Frau: Kurz vor zehn.
   Mann: Und wer predigt heute?
   Frau: Selbmann, glaube ich.

2. Junge: Kommst du mit?
   Mädchen: Wohin denn?
   Junge: Na, Mensch! Zum Länderkampf Finnland gegen DDR natürlich!

3. Mann: Also, heute am Sonntag soll Mutter mal nicht kochen, heute gehen wir essen.
   Mädchen: Und wohin gehen wir essen, Vati?
   Mann: Tja, wir wollen mal so richtig gut essen. Oder was meinst du, Irene?

4. Frau: Herbert, beeil dich doch! Komm, hier ist dein weißes Oberhemd...
   Mann: Ist es denn schon so spät?
   Frau: Ja, die Vorstellung heute beginnt schon um halb acht. Also, mach schnell!

5. Frau: Du, Walter, ich hab' ja solche Kopfschmerzen. Und meine Tabletten sind alle. Könntest du nicht auf dem Heimweg...
   Mann: Ist gut, ich bringe dir welche mit, wenn ich nach Hause komme...

6. Mädchen: Hallo, Michael! Du hast es aber eilig.
   Junge: Ja, du, ich muß unbedingt zum Training. Wir haben da am Sonnabend ein Spiel gegen den TSV, und da...

7. Junge: Du, Vater, hast du schon gehört?
   Mann: Was denn?

Junge: Morgen wird die Bootsausstellung eröffnet.
Mann: Tatsächlich? Tja, da müssen wir unbedingt hin.

8. (Tanzmusik, Stimmen)
Mädchen: Ach, bleib doch noch'n bißchen, Wolfgang!
Junge: Nee, ich muß wirklich gehen. Wir schreiben morgen 'ne Mathearbeit.

3. WAS FÜR EINEN BERUF HABEN DIE LEUTE?

1. Mann: Darf ich mal Ihren Führerschein sehen?
2. Frau: Sie kommen wegen des Zimmers? Ja, wenn Sie dann mal näher treten wollen... So, also ich geh' mal voran. Hier links, da ist es.
3. Mann: Wie hätten Sie's denn gern?
Junge: Na, wie immer.
Mann: Also vorne etwas wegschneiden. Und hinten nicht zu kurz, hm.
4. Mann: Beide Paare besohlen? Tja, das dauert etwas länger. Haben Sie nicht noch irgendwelche Besorgungen zu machen?
Frau: Doch, habe ich. Wann kann ich denn wieder vorbeikommen?
Mann: Na, so in einer Stunde. Übrigens: Gummi- oder Ledersohlen?
5. Frau: Also 200 g Grobe und drei Rinderfilets. So, bitte schön! Noch'n Wunsch?
Mann: Ja, noch zehn Würstchen.
6. Frau: Guten Tag!
Mann: Guten Tag! Wohin soll's denn gehen, junge Frau?
Frau: Schmargendorfer Straße 38.
Mann: Wird gemacht. Schmargendorfer Straße...
7. Frau: Bitte sehr?
Mann: Tja..., ich hätte gern etwas für einen Zwölfjährigen.

Frau: Für einen Zwölfjährigen? Hm, dann nehmen, dann nehmen Sie am besten etwas Spannendes. Schauen Sie mal hier: Das hier wird sehr gern gelesen.

8. Mann: Briefmarken? Briefmarken bekommen Sie am Schalter nebenan. Und das Gespräch nach Österreich - da können Sie durchwählen. Warten Sie, ich geb' Ihnen die Vorwahlnummer.

9. Mann: So, 33 Liter und 'n halber Liter Öl. Zahlen Sie bitte an der Kasse.

10. Frau: Was können Sie denn empfehlen?
Mann: Also, die gebackene Forelle ist sehr gut, aber auch den Hackbraten kann ich sehr empfehlen.

4. WORÜBER WIRD GESPROCHEN?

1. Mädchen: Also, ich fand „Das Vorbild" sehr gut.
Junge: Ich nicht; ich hab's nicht mal zu Ende gelesen.
2. Mädchen A: Nimm doch die hier, die sind doch prima.
Mädchen B: Nee, die sind mir zu teuer.
Mädchen A: Da hast du recht, billig sind die nicht, aber sie sitzen phantastisch.
3. Mädchen: Mensch, ist das kalt! Brr!
Junge: Findest du wirklich? Könnte schlimmer sein.
4. Mädchen: Also, der ist doch einfach Klasse! Diese Rolle! Und wie er spielt!
Junge: Fand'st du den wirklich so gut? Der ist doch ganz dick geworden. Der hat doch schon 'nen Bauch.
Mädchen: Was hast du eigentlich gegen ihn? Bist du eifersüchtig?
5. Mann A: Wie alt ist denn der Schlitten?
Mann B: Baujahr 74.

Mann A: Und wieviel hat er runter?
Mann B: Na, so ungefähr 85 000.

6. Junge A: Wie haben sie denn gespielt?
Junge B: 2 zu 0.
Junge A: Und für wen?
Junge B: Na, für den HSV natürlich.

7. Frau: Was sollen wir ihr nur mitbringen?
Mann: Wie alt wird sie denn?
Frau: Siebzehn...

8. Frau: Also, um 11 Uhr geht's in die Kirche, da geben sie sich das Jawort.
Junge: Und dann?
Frau: Und nach dem Essen fahren sie weg.

9. Frau: Und wie funktioniert das nun?
Mann: Schauen Sie, meine Dame, hier oben tun sie das Waschpulver hinein, und dann...

10. Frau: Wie ist denn das bloß passiert?
Mann: Tja, 's war neblig, und er ist zu schnell gefahren...
Frau: Und jetzt, wie geht's ihm jetzt?

11. Mann: Was woll'n wir denn in diesem Sommer machen?
Frau: Mhm, wie wär's denn mit Österreich?
Mann: Oder mal hierbleiben...
Frau: Oh.
Mann: Hm? Was meinst du?

12. Frau: Schauen Sie mal: Der hier klingelt nicht mehr.
Mann: Darf ich mal, bitte? Aha. Tja...
Frau: Wann kann ich ihn denn wieder abholen?

13. Mann A: Wie fand'st du denn den Krimi gestern abend?

Mann B: Na ja, es geht. Ich fand ihn nicht besonders. Schlechte Kamera.

14. Mann: So, haben wir jetzt alles, Inge?
Frau: Ich glaube, ja: Zucker, Eier, Milch...

15. Frau: Erich, denk an deine Gesundheit!
Mann: Ach, laß mich doch in Ruhe! War ja anstrengend genug, der Arbeitstag heute.
Frau: Aber du hattest doch versprochen, du wolltest nicht mehr als 20...

5. WO FINDET DAS GESPRÄCH STATT?

1. Gast: Herr Ober!
Ober: Sie wünschen?
Gast: Die Speisekarte, bitte.
Ober: Sofort, mein Herr.

2. Portier: Hatten Sie vorbestellt?
Gast: Ja, vor etwa einer Woche.
Portier: Und auf welchen Namen, bitte, meine Dame?
Gast: Klarsbach.
Portier: Klarsbach, ah ja, Klarsbach... Zimmer 315, bitte sehr. Das Gepäck wird auf Ihr Zimmer gebracht.

3. Mann: Einen schönen guten Morgen, Frau Breuer!
Frau: Guten Morgen... Aber ich kenn Sie doch gar nicht.
Mann: Aber das macht doch gar nichts. Ich bin zu Ihnen gekommen, um Ihnen etwas besonders Schönes zu zeigen.
Frau: Ich brauche nichts...

4. Frau: Meine Güte, drängeln Sie doch nicht so! Also, voll ist das, Erwin!
Mann: Na ja, weißt du, am Freitag nachmittag...

Frau: Du, paß auf, ich glaube, an der nächsten Haltestelle müssen wir raus!

5. Frau: Einmal Hamburg.
   Mann: Einfach?
   Frau: Hin und zurück.
   Mann: Zweiter?
   Frau: Erster, bitte.

6. Mann: Stell doch mal'n bißchen lauter.
   Frau: Aber Herbert, die Nachbarn!
   Mann: Ach was, es ist schließlich Freitag abend.

7. Junge: Mann, o Mann! Ich glaube, der Test heute wird ganz schön schwer.
   Mädchen: So schlimm kann's doch nicht werden, Michael.
   Junge: Sag bloß, du hast die Wörter von drei Lektionen im Kopf.
   Mädchen: Da kommt er...

8. Mann: Na, wo fehlt's uns denn, meine Dame?
   Frau: Ach, wissen Sie, ich hab seit drei Tagen so komische Schmerzen hier in der linken Seite.
   Mann: Na, woll'n wir mal seh'n. Machen Sie sich doch mal frei.

9. Mann: Nein, die sind mir zu klein.
   Frau: Wirklich?
   Mann: Ja, da drin tun mir ja die Füße weh.
   Frau: Na, dann nimmst du eben 'ne Nummer größer.

10. Mann: Sie wollen 'ne Vermißtenanzeige aufgeben?
    Frau: Ja. Sehen Sie, mein Sohn ist heute nacht nicht nach Hause gekommen.
    Mann: Na ja, nun man keine Panik und alles schön der Reihe nach. Also: Name?... Adresse?...

11. Mädchen: Tolle Platten ha'm die hier!

Junge: Stimmt. Ist überhaupt Klasse hier. Cola nur 1,60...
Mädchen: Guck mal, da hinten tanzen Jutta und Hanno.

12. Mann: Bitte sehr, meine Dame?
Frau: Ich hätt' gern für 300,- DM Finnmark. Sie nehmen doch Euroschecks, oder?

13. Schaffner: Die Fahrtausweise, bitte!
Frau: Hier, bitte... Sagen Sie, nach Bremen, muß ich da...
Schaffner: Da müssen Sie in Hannover umsteigen, meine Dame.
Frau: Aha.

14. Mann: Eine Bildzeitung und eine Packung „Cowboy".
Frau: Noch'n Wunsch?
Mann: Nein danke, das wär's.

15. Zollbeamter: Führen Sie Alkohol bei sich?
Mann: Och, nicht mehr als erlaubt.
Zollbeamter: Ach, öffnen Sie doch mal bitte die Tasche da.

16. Mann: Sie wünschen, meine Dame?
Frau: Ach, wissen Sie, ich hab hier solche Schmerzen.
Mann: Versuchen Sie doch mal dies hier...

17. Frau: Verzeihung, könnten Sie mir sagen, wie ich am besten zum Marienplatz komme?
Mann: Ah ja, passen Sie auf: Sie gehen am besten hier runter und dann...

18. Mädchen: Hallo, Klaus!
Junge: Mensch, kommst du spät! Die Vorstellung fängt gleich an.
Mädchen: Ach, ob wir die Reklame nun sehen oder nicht...

III Mündliche Mitteilungen

1. GUTE BESSERUNG!

Junge: Hier Jürgen Schmidt.
Mädchen: Hier ist Petra Schumann. Tag, Jürgen.
Junge: Tag, Petra.
Mädchen: Könnte ich bitte mit deiner Schwester sprechen?
Junge: Tut mir leid, Ute ist noch in der Schule. Sie hat 'ne AG. (AG = Arbeitsgemeinschaft)
Mädchen: Ach so. Kannst du mir'n Gefallen tun?
Junge: Aber gern. Worum geht's denn?
Mädchen: Mir geht's seit heute mittag ziemlich schlecht, ich hab' über 38 Grad Fieber. Ich glaube, ich hab' die Grippe. Nachher gehe ich gleich ins Bett.
Junge: Ach, das tut mir aber leid.
Mädchen: Na ja, und heut abend war ich mit Ute verabredet. Wir wollten zusammen ins Schwimmbad gehen. Das kann ich unmöglich. Könntest du das deiner Schwester bitte sagen?
Junge: Gern, mach ich. Und gute Besserung, Petra!
Mädchen: Danke. Tschüß.
Junge: Tschüß.

2. IST FRÄULEIN DROSNER DA?

Sekretärin: Schillerschule, Schäfer, guten Tag.
Frau: Mein Name ist Brüggemann, guten Tag. Könnte ich wohl bitte mit Fräulein Drosner sprechen?
Sekretärin: Moment, ich schau mal nach, ob sie im Lehrerzimmer ist. - Hallo? Tut mir leid, Fräulein Drosner hat die Aufsicht auf dem Hof. Kann ich irgend etwas für Sie tun?

Frau: Ach, das wär' nett. Könnten Sie bitte Fräulein Drosner ausrichten, daß mein Sohn, Jürgen Brüggemann aus der 4b, morgen nicht mitkommen kann? Die haben doch morgen einen Klassenausflug in den Zoo.

Sekretärin: Ich werde das gern bestellen, Frau Brüggemann. Aber - warum kann denn Ihr Sohn nicht mitkommen?

Frau: Er hat eine schwere Angina bekommen.

Sekretärin: Oh, das tut mir aber leid. Gute Besserung!

Frau: Danke schön! Auf Wiederhören!

Sekretärin: Auf Wiederhören.

3. EIN NEUER SESSEL

Mädchen: Hier Erika Rubel, guten Tag.

Mann: Hier Möbelhaus Seesemann. Kann ich mal mit Frau Rubel sprechen?

Mädchen: Meine Mutter ist nicht da.

Mann: Wir wollten nur Bescheid sagen, daß der Sessel, den deine Mutter bestellt hat...

Mädchen: Ja, ich weiß...

Mann: Ja, also den Sessel haben wir nicht mehr vorrätig im Lager. Den müssen wir erst aus der Fabrik kommen lassen.

Mädchen: Und wie lange dauert das?

Mann: Das ist es ja, das kann ungefähr vier Wochen dauern.

Mädchen: Ach herrjeh, den Sessel sollte mein Vater doch zum Geburtstag bekommen.

Mann: Tja, tut uns leid. Vielleicht will deine Mutter ja jetzt 'n andern. Sie soll doch mal anrufen.

Mädchen: Ich werde es ihr bestellen. Auf Wiederhören.

Mann: Wiederseh'n!

4. ER IST GERADE ESSEN GEGANGEN

Frau: Hier Weber, Firma Hansen & Co., Exportabteilung.
Mann: Tag, Fräulein Weber. Hier ist Kohls. Könnte ich wohl bitte mit Herrn Dr. Uhlmann sprechen?
Frau: Da haben Sie Pech, Herr Uhlmann ist gerade zu Tisch gegangen. Soll ich ihm etwas ausrichten?
Mann: Ja, bitte. Heute nachmittag um 15.00 Uhr ist doch die Konferenz.
Frau: Ja, ich weiß.
Mann: Würden Sie bitte Herrn Dr. Uhlmann sagen, daß ich etwa eine halbe Stunde später komme? Ich bin hier draußen in Niendorf bei einem Kunden, und es wird etwas länger dauern. Denken Sie daran, Fräulein Weber?
Frau: Schon notiert, Herr Kohls.
Mann: Vielen Dank. Auf Wiedersehen.
Frau: Wiederhör'n, Herr Kohls.

5. KOMMT IHR MIT?

Mädchen: Hier ist Regine Schaller.
Mann: Tag, Regine, hier ist Wilhelm Bauer.
Mädchen: Guten Tag, Herr Bauer.
Mann: Kann ich mal bitte mit deiner Mutter oder deinem Vater sprechen?
Mädchen: Leider nicht, Herr Bauer. Vater kommt erst heute abend von einer Geschäftsreise zurück, und Mutter ist beim Friseur.
Mann: Ach so. Tja, wir wollten euch nämlich fragen, ob Ihr am Sonntag mit uns einen Spaziergang im Teutoburger Wald machen und anschließend bei uns zu Abend essen wollt.
Mädchen: Also, ich hätte schon Lust.
Mann: Na ja, deine Eltern müßte man ja wohl auch mal fragen. Du, Regine, sag doch bitte deinem Vater Bescheid, wenn er heut abend kommt. Dann können

deine Eltern darüber sprechen. Und einer von beiden soll mich bitte gleich morgen früh im Büro anrufen, ja? Machst du das?

Mädchen: Natürlich, gern, Herr Bauer.

Mann: Besten Dank auch. Na, tschüß denn!

Mädchen: Tschüß, Herr Bauer!

6. HERR BIESON IST NICHT IM HAUSE

Mann: Personalabteilung, Meyer.

Frau: Guten Tag, mein Name ist Monika Erdmann, ich rufe aufgrund Ihrer Anzeige in der Neuen Ruhr-Zeitung an, ich sollte mich bei einem Herrn Bieson melden.

Mann: Herr Bieson ist zur Zeit leider nicht im Haus. Aber ich bin sein Stellvertreter. Darf ich Ihnen ein paar Fragen stellen?

Frau: Aber natürlich.

Mann: Frau Erdmann, wo und als was sind Sie zur Zeit beschäftigt?

Frau: Fräulein Erdmann, ich bin unverheiratet. Ja ich, ich bin Sachbearbeiterin in der Exportabteilung der Firma Seuser und Söhne.

Mann: Sehr schön, sehr schön. Welche Ausbildung haben Sie, Fräulein Erdmann?

Frau: Ich habe Mittelschulabschluß. Und dann hab' ich eine zweijährige Handelsschule besucht.

Mann: Ausgezeichnet. Sagen Sie, Fräulein Erdmann, wie alt sind Sie? Entschuldigen Sie bitte.

Frau: Ach aber warum denn? Das Alter spielt doch keine Rolle. Ich bin 27.

Mann: Fräulein Erdmann, wie wär's: Könnten Sie morgen so gegen zehn Uhr zu uns ins Büro kommen? Dann wird auch Herr Bieson da sein.

Frau: Gern, das paßt mir gut.

Mann: Sehr schön. Auf Wiederhören.

IV Wegbeschreibungen

1. NACH EUTIN?

Fremde: Entschuldigung, können Sie uns helfen?
Einheimischer: Wenn ich kann, gern.
Fremde: Wir müssen nach Eutin. Wie kommen wir da am besten hin?
Einheimischer: Das is' nicht so schwer. Passen Sie auf:
Fremde: Mhm.
Einheimischer: Hier rechts ist der Timmendorfer Strand.
Fremde: Ja.
Einheimischer: Sie fahren diese Straße hier weiter geradeaus und dann hier die erste Straße links.
Fremde: Ah ja.
Einheimischer: Sie kommen dann durch ein kleines Dorf zwischen zwei Seen. 'n paar Kilometer weiter stoßen Sie auf die Bundesstraße 207.
Fremde: 207.
Einheimischer: Da biegen Sie rechts ab, und dann fahren Sie immer geradeaus, bis Sie nach links auf die B 76 abbiegen müssen.
Fremde: Mhm.
Einheimischer: Und die bringt Sie direkt nach Eutin.
Fremde: Ja also, also hier geradeaus, die erste links, hinter dem Dorf nach rechts auf die B 207...
Einheimischer: Richtig, und dann ist da übrigens auch ausgeschildert, nech.

2. ZUM CAFÉ NIEDEREGGER?

Frau: Entschuldigen Sie, ich möcht' zum Café Niederegger, aber ich bin fremd hier. Kann man da zu Fuß hingehen, oder muß man ein Taxi nehmen?

Mann: Nein, Sie können leicht zu Fuß gehen.
Frau: Ah gut.
Mann: Wissen Sie, wir sind hier auf der Wallhalbinsel.
Frau: Mhm.
Mann: Och, Sie laufen höchstens eine Viertelstunde. Sie gehen da durch das Holstentor und dann die Holstenstraße hoch immer geradeaus am Marktplatz vorbei.
Frau: Mhm.
Mann: Bis zur Breite-Straße, gleich hinter dem Markt. Das ist eine Fußgängerstraße, wissen Sie. Die Breite-Straße biegen Sie links ein.
Frau: Links ein.
Mann: Und dann sehen Sie linker Hand schon das Café. Ist gar nicht zu verfehlen.
Frau: Besten Dank auch!
Mann: Nichts zu danken.

3. ZUM MESSEGELÄNDE?

Junge: Entschuldigen Sie, ich möchte zu Fuß zum Messegelände. Wie komm' ich dahin?
Mann: Ö, warten Sie mal! Wir sind hier in der Dr. Kurt-Fischer-Straße. Da rechts ist der Zoo.
Junge: Aha!
Mann: Ja, passen Sie auf! Sie gehen hier runter bis zum Tröndlinring.
Junge: Mhm.
Mann: Den gehen Sie runter bis zur ersten Kreuzung. Biegen Sie nach rechts in die Reichsstraße.
Junge: Ja.
Mann: Und dann erst mal immer geradeaus am dem Alten Rathaus vorbei bis zur Grimmaischen Straße. Klar?
Junge: Also, hier runter, den Tröndlinring nach links, dann erste rechts und immer geradeaus bis zur Grimmaischen Straße.

Mann: Ganz recht. Die Grimmaische Straße gehen Sie nach links in Richtung Karl-Marx-Platz.
Junge: Ja.
Mann: Lassen Sie auf dem Karl-Marx-Platz links die Staatsoper liegen, wissen Sie, so'n typisches Opernhaus.
Junge: Mhm.
Mann: Rechts liegt die Hautpost. Gehen Sie an der vorbei, und Sie kommen in die Leninstraße.
Junge: Ach so.
Mann: Und jetzt immer geradeaus, dann kommen Sie direkt zum Messegelände.
Junge: Besten Dank!
Mann: Bitte schön!

4. ZUR FRAUENKIRCHE?

Fremde: Grüß Gott! Wo geht's denn hier zur Frauenkirche, bitte schön?
Nürnberger: Zur Frauenkirche wollen Sie. Die ist gar nicht so weit weg von hier, am Hauptmarkt. Ehm, wir sind jetzt am Spittlertor.
Fremde: Aha.
Nürnberger: Gehen Sie hier die Ludwigstraße immer geradeaus bis zum Weißen Turm.
Fremde: Ja.
Nürnberger: Dann kommen Sie zum Josephplatz.
Fremde: Mhm.
Nürnberger: Weiter geradeaus erreichen Sie dann die Kaiserstraße.
Fremde: Mhm.
Nürnberger: Wo Sie sich rechts halten, rechts. Bei der Fleischbrücke links überqueren Sie den Fluß.
Fremde: Mhm.
Nürnberger: Und sind dann schon am Hauptmarkt.
Fremde: Also, hier geradeaus, am Weißen Turm vorbei bis zur Kaiserstraße.

Nürnberger: Mhm.
Fremde: Und dann links halten.
Nürnberger: Nein, nein, rechts halten!
Fremde: Ach ja rechts aber dann links über die Fleischbrücke. Richtig?
Nürnberger: Ja. Soll ich noch einmal wiederholen?
Fremde: Nein danke, das find' ich schon. Vielen Dank.

V Dialoge in zwei Versionen

1. UND HINTERHER TANZEN (TEXT A)

Peter: Wir haben noch viel Zeit, bis die Theateraufführung anfängt. Was möchtest du so lange machen?
Gisela: Ach, ich möchte nur so durch die Straßen bummeln und mir die Schaufenster angucken.
Peter: Schon wieder? Weißt du denn nichts Besseres? Ich schlage vor, daß wir in ein gemütliches Café gehen und eine Tasse Kaffee trinken und vielleicht ein Stück Torte essen. Bist du einverstanden?
Gisela: Na gut. Gehen wir also Kaffee trinken.
Peter: Da drüben gibt es ein nettes Café. Warte mal, ich kauf' mir nur noch einen neuen Stern. Komm, es ist grün, wir dürfen jetzt über die Straße gehen!
Verkäuferin: Guten Tag. Bitte sehr?
Peter: Ich hätte gern den neuen Stern.
Verkäuferin: Bitte schön. 3 Mark, bitte.
Peter: Es ist ganz schön kühl heute abend. Ich friere fast. Komm, jetzt fängt's auch noch an zu regnen.
Gisela: Da hinten ist noch ein Fensterplatz frei.
Peter: Möchtest du auch eine Tasse Kaffee oder lieber etwas anderes?
Gisela: Ich möchte lieber ein Glas Apfelsaft und eine Sahnetorte.

Ober: Guten Abend! Was darf es sein?

Peter: Wir hätten gern ein Glas Apfelsaft, eine Tasse Kaffee und zwei Stück Sahnetorte.

Ober: Kommt sofort.

Peter: Nach der Theateraufführung lade ich dich zu einem Glas Wein ein. Oder mußt du direkt nach Hause?

Gisela: Nein, heute nicht. Meine Eltern sind nicht zu Hause. Du, ich möchte eigentlich mal wieder tanzen gehen.

Peter: Ich hab' nichts gegen Tanzen. Ich kenne ein Lokal, wo es jeden Abend Tanz gibt. Da ist jetzt übrigens eine Band aus Stockholm. Aber wir müssen jetzt gehen. Die Vorstellung fängt in zehn Minuten an. Herr Ober, zahlen, bitte!

Ober: Bitte sehr.

Peter: Stimmt so. Schönen Dank, auf Wiedersehen!

Ober: Auf Wiedersehen!

1. UND HINTERHER TANZEN (TEXT B)

Peter: Was möchtest du vor der Theateraufführung machen?

Gisela: Wie wär's mit einem Stadtbummel?

Peter: Schon wieder? Wollen wir nicht lieber in ein Café gehen?

Gisela: Na gut.

Peter: Da drüben gibt es ein nettes Café. Warte, ich kaufe noch schnell den Stern!

Verkäuferin: Bitte sehr?

Peter: Ich hätte gern den neuen Stern.

Verkäuferin: 3 Mark, bitte!

Peter: Komm schnell, es fängt an zu regnen.

Gisela: Da hinten ist ein Fensterplatz frei.

Peter: Was möchtest du essen und trinken?

Gisela: Ein Glas Apfelsaft und eine Sahnetorte.

Ober: Guten Abend. Was darf es sein?

Peter: Ein Glas Apfelsaft, eine Tasse Kaffee und zwei Stück Sahnetorte.
Ober: Sofort.
Peter: Mußt du nach dem Theater direkt nach Hause?
Gisela: Nein, heute nicht. Ich möchte tanzen gehen.
Peter: Ich kenne ein Lokal, wo wir hingehen können. Herr Ober, die Rechnung, bitte!
Ober: Bitte sehr!
Peter: Stimmt so. Auf Wiedersehen!
Ober: Wiedersehen!

2. EIN PFUND TOMATEN, BITTE

Mann: Bitte sehr, meine Dame, was darf's denn sein?
Frau: Ich hätte gern ein Pfund Tomaten.
Mann: Mhm, welche hätten Sie denn gern - die zu 2,20 oder die zu 1,80 das Pfund?
Frau: Tja, die zu 2,20 sehen doch etwas besser aus... Ja, ich nehme ein Pfund von denen zu 2,20.
Mann: Wird gemacht, meine Dame. So, bitte schön. Haben Sie noch einen Wunsch?
Frau: Ja..., ich brauch' noch 'n Blumenkohl.
Mann: Da haben wir eine große Auswahl, schauen Sie mal hier. Welchen möchten Sie denn nehmen? Diesen hier? Oder den da?
Frau: Ich weiß nicht recht. Darf ich mal fühlen?
Mann: Aber bitte sehr, meine Dame, bitte sehr.
Frau: Schön fest sind ja beide... Also, ich nehme den da.
Mann: Der ist auch ganz besonders schön. So, bitte sehr. Noch etwas? Vielleicht Äpfel? Oder Birnen? Oder Apfelsinen?
Frau: Geben Sie mir bitte noch 'n Kilo Äpfel. Welche können Sie denn empfehlen?
Mann: Das ist schwer zu sagen. Kommt ganz auf Ihren Geschmack an. Gut sind sie alle. Dieser Apfel hier, ein Boskop, ist etwas sauer, aber sehr

aromatisch. Der Golden Delicious dagegen ist sehr süß...

Frau: Darf ich mal probieren?

Mann: Aber selbstverständlich, meine Dame, gern. Ich schneide Ihnen ein Stückchen ab. So, bitte schön, probieren Sie mal.

Frau: Hm... Also, ich glaub', ich nehm' doch lieber ein Kilo Boskop.

I

1. Ich hätte gern ein Pfund Tomaten.
2. Ich nehme ein Pfund von denen zu 2,20.
3. Ich brauch' noch einen Blumenkohl.
4. Geben Sie mir bitte noch ein Kilo Äpfel.
5. Welche können Sie denn empfehlen?
6. Darf ich mal probieren?
7. Ich nehme lieber ein Kilo Boskop.

3. SCHON AUSGEBUCHT

Angestellter: Reisebüro Fehrenberg + Co.

Mann: Mein Name ist Schäfer. Ich hatte ein Flugticket nach Berlin bestellt, für Dienstag, und nun...

Angestellter: Wissen Sie noch, wer Sie seinerzeit bedient hat?

Mann: Tja, wenn ich das noch wüßte... Halt, warten Sie, jetzt erinnere ich mich wieder... Ein Fräulein Kieter oder so ähnlich...

Angestellter: Vielleicht Fräulein Kyther?

Mann: Genau, die war's.

Angestellter: Moment, ich verbinde.

Frau: Kyther.

Mann: Guten Tag, Fräulein Kyther. Mein Name ist Schäfer. Vielleicht erinnern Sie sich, ich habe vor ein paar Tagen bei Ihnen einen Flug nach Berlin gebucht.

Frau: Natürlich, ich erinnere mich. Guten Tag, Herr Schäfer. Ist irgend was nicht in Ordnung?

Mann: Doch, doch, nein, also: Ich kann unmöglich am Dienstag um 10.10 Uhr fliegen...

Frau: Na, da buchen wir Sie ganz einfach um. Wann wollen Sie denn fliegen?

Mann: Einen Tag später um dieselbe Zeit.

Frau: Also Mittwoch um 10.10 Uhr mit der PAN AM nach Berlin Tegel. Einen Moment, ich will mal eben nachschauen... Tja, tut mir leid, Herr Schäfer, aber die Maschine ist schon ausgebucht.

Mann: Ach du liebe Zeit!

Frau: Aber Sie können doch eine Maschine früher oder später nehmen, z.B. die PAN AM um 11.25 Uhr.

Mann: Das geht eben nicht. Ich habe um 8.30 Uhr hier in Düsseldorf noch eine wichtige Besprechung, und in Berlin muß ich pünktlich um 11.30 Uhr auf der Konferenz sein... Tja, was soll ich jetzt machen?

Frau: Darf ich Ihnen einen Vorschlag machen, Herr Schäfer?

Mann: Ja, bitte.

Frau: Wir setzen Sie auf die Warteliste für den Flug Nr. 618 PAN AM um 10.10 Uhr, und Sie sind bitte pünktlich am Flughafen. Zugleich aber reservieren wir Ihnen einen Platz für den Flug Nr. 734 PAN AM um 11.25.

Mann: Ja, wenn's nicht anders geht. Ich bin Ihnen ja sehr dankbar. Aber wo bekomme ich denn mein Ticket?

Frau: Das geht alles in Ordnung. Sie wenden sich bitte am Flughafen direkt an das Büro der PAN AM. Und vergessen Sie ihren Personalausweis oder Ihren Paß nicht. Den brauchen Sie beim Rückflug in Berlin.

Mann: Vielen Dank, Fräulein Kyther, für all Ihre Mühen!

Frau: Nichts zu danken. Auf Wiederhören.

Mann: Auf Wiedersehen, Fräulein Kyther.

4. DIE KAFFEEMASCHINE IST KAPUTT (TEXT A)

Frau 1: Kaufhaus Wertmann, Exportabteilung, Köhler, guten Tag.

Mann: Guten Tag. Mein Name ist Mahler. Ich hab' ein Problem.

Frau 1: Ja? Bitte sehr.

Mann: Also, wissen Sie, meine Frau hat gestern bei Ihnen 'ne Kaffeemaschine gekauft, aber als ich sie heute anstellen will, da passiert gar nichts, also die geht nicht...

Frau 1: Einen Moment, bitte, ich verbinde Sie mit der Reklamation.

Frau 2: Kaufhaus Wertmann, Reklamation, Brüggemann, guten Tag.

Mann: Mein Name ist Mahler. Guten Tag. Also, es geht um 'ne Kaffeemaschine. Die hat meine Frau gestern bei Wertmann gekauft, und - tja, was soll ich Ihnen sagen? - heute geht sie nicht mehr. Also, ich muß schon, also...

Frau 2: Wann, sagen Sie, haben Sie die Maschine gekauft?

Mann: Gestern, am 7.11.; ich glaube, so gegen zehn.

Frau 2: So genau brauchen wir das nicht zu wissen. Das Datum genügt. Um welches Modell handelt es sich denn?

Mann: Wie bitte?

Frau 2: Na, welches Modell Sie gekauft haben?

Mann: Ach so, ja: äh, Super X 35.

Frau 2: Tatsächlich? Das hören wir zum erstenmal. Na ja, Sie sehen: Es kann auch bei einer Spitzenmarke vorkommen. Wir haben das außerordentlich selten.

Mann: Und was habe ich davon? Was soll ich denn jetzt machen?

Frau 2: Sagen Sie, haben Sie die Gebrauchsanweisung auch genau befolgt?

Mann: Also, das ist doch unglaublich. Denken Sie, ich bin von vorgestern? Natürlich habe ich das gemacht! Da kauft man für teures Geld eine

„Luxus-Kaffeemaschine", und dann...

Frau 2: Nun beruhigen Sie sich doch: Sie können das Modell selbstverständlich gegen ein anderes bei uns umtauschen. Es kommt, wie gesagt, immer mal vor, daß bei einem Gerät etwas nicht stimmt.

Mann: Na, das will ich meinen.

Frau 2: Bringen Sie aber bitte den Garantieschein mit.

Mann: Ja, ja. Und wo kann ich das Gerät umtauschen?

Frau 2: Eingang B, vierter Stock.

Mann: Vielen Dank. Auf Wiederhören.

4. DIE KAFFEEMASCHINE IST KAPUTT (TEXT B)

Frau 1: Kaufhaus Wertmann, Exportabteilung, Köhler, guten Tag.

Mann: Guten Tag. Meine Frau hat gestern eine Kaffeemaschine gekauft, aber die geht nicht...

Frau 1: Moment, ich verbinde mit der Reklamation.

Frau 2: Kaufhaus Wertmann, Reklamation, Brüggemann, guten Tag.

Mann: Mahler, guten Tag. Meine Frau hat gestern eine Kaffeemaschine gekauft, und heute geht die nicht mehr.

Frau 2: Wann war das, bitte?

Mann: Gestern, 7.11.

Frau 2: Und welches Modell?

Mann: Super X 35.

Frau 2: Sie können das Modell gegen ein anderes bei uns umtauschen.

Mann: Und wo?

Frau 2: Eingang B, 4. Stock.

Mann: Vielen Dank. Auf Wiederhören.

5. EIN SOMMERHÄUSCHEN IN FINNLAND (TEXT A)

Frau: Bitte sehr, womit kann ich Ihnen dienen?

Mann: Also, wir wollen in diesem Sommer gern mal nach Finnland fahren. Und da möchte ich Sie fragen, ob es irgendwelche Angebote gibt, ich meine, ob Sie..., mhm.

Frau: Aber natürlich, wir wollen gleich mal sehen... Schauen Sie, da gibt es z.B. dieses beliebte Pauschalangebot hier: Schiffsreise Travemünde - Helsinki - Travemünde plus Rundfahrt und kurzer Aufenthalt in den schönsten Gegenden Finnlands.

Mann: Das klingt ja ganz interessant. Aber..., wir haben drei Kinder...

Frau: Na, schau'n wir mal weiter. Hier: Sie können auch in einem Feriendorf wohnen oder ein Sommerhäuschen mieten.

Mann: Das klingt schon eher nach Familienurlaub. Ich glaube, ein Sommerhäuschen an einem finnischen See, das wäre durchaus etwas für uns.

Frau: Hier, bitte, ich gebe Ihnen mal unseren Katalog, schauen Sie sich das Angebot nur in Ruhe an. Aber Sie müßten sich bald entscheiden, denn die Sommerhäuschen sind sehr beliebt.

Mann: Ja, äh, ich entscheide mich gleich. Dies hier z.B. klingt doch ganz gut: Blockhaus, 50 Quadratmeter, sechs Schlafplätze, kleine Küche, mhm Sauna, direkt am See. In der Nähe von Kangasniemi. Wo is'n das?

Frau: Hier. Sehen Sie? Nordwestlich von Mikkeli. Zwischen Mikkeli und Jyväskylä. Ich geb' Ihnen mal diese Landkarte mit.

Mann: Mhm, scheint 'ne schöne Gegend zu sein. Sagen Sie: Ist ein Boot dabei? Und darf man auch angeln?

Frau: Selbstverständlich.

Mann: Dann ist das genau das Richtige für uns. Ich glaube, das nehme ich.

Frau: Also die Schiffspassage Travemünde - Helsinki - Travemünde und die Blockhütte bei Kangasniemi?

Mann: Ganz recht.
Frau: Und für wann und für wie viele Personen?
Mann: Für den 16. Juni. Drei Wochen. Für zwei Erwachsene und drei Kinder unter zwölf und einen PKW.
Frau: Dann wollen wir mal dieses Formular ausfüllen... Wie ist Ihr Name bitte?
Mann: Aber warten Sie mal: Was kostet denn das alles?

5. EIN SOMMERHÄUSCHEN IN FINNLAND (TEXT B)

Frau: Bitte sehr?
Mann: Wir wollen im Sommer nach Finnland fahren. Haben Sie da Angebote?
Frau: Ja. Sie können z.B. eine Kreuzfahrt machen.
Mann: Mhm.
Frau: Oder es gibt dieses Pauschalangebot hier. Schiffsreise Travemünde - Helsinki - Travemünde plus Rundfahrt und kurzer Aufenthalt in den schönsten Gegenden Finnlands.
Mann: Aha.
Frau: Sie können aber auch in einem Feriendorf wohnen oder ein Sommerhäuschen mieten.
Mann: Ich glaube, das letzte ist etwas für uns.
Frau: Schauen Sie sich das Angebot nur in Ruhe an.
Mann: Mhm, ah, das hier, das klingt ganz gut: Blockhaus, 50 Quadratmeter, sechs Schlafplätze, kleine Küche, Sauna, direkt am See. In der Nähe von Kangasniemi.
Frau: Und Sie wollen die Schiffspassage Travemünde - Helsinki.
Mann: Ja. Und zwar für den 16. Juni, drei Wochen. Für zwei Erwachsene und drei Kinder unter zwölf und einen PKW.
Frau: Dann wollen wir mal dieses Formular ausfüllen... Wie ist Ihr Name, bitte?
Mann: Aber warten Sie mal. Was kostet denn das alles?

6. ICH HATTE EINEN UNFALL (TEXT A)

Frau: Hier Dora Krüger.

Mann: Hier ist Walter. Dora, nun bleib mal schön ruhig und reg dich nicht auf. Ich hatte einen, na ja, kleinen Unfall.

Frau: Um Gottes willen, Walter. Einen Unfall? Ja, hoffentlich nichts Schlimmes?

Mann: Nein, nein, beruhige dich, es ist nicht so schlimm.

Frau: Wo bist du denn jetzt?

Mann: Ich rufe von einer Telefonzelle aus an. Kreuzberger Allee, Ecke Philosophenweg.

Frau: Wie kommst du denn da hin, Walter? Du wolltest doch heute...

Mann: Das spielt doch jetzt überhaupt keine Rolle, Dora...

Frau: Aber nun sag doch endlich. Wie ist denn das passiert?

Mann: Ich wollte einen Mercedes überholen, war auch schon beinahe an ihm vorbei, da kommt mir 'n VW entgegen. Ich bremse, der Wagen kommt ins Schleudern, tja, und dann bin ich auf den Mercedes geprallt.

Frau: Mein Gott. Mit dem Heck aufgeprallt. Ja, aber ich verstehe nicht...

Mann: Ich hab dir doch schon gesagt: ich bin beim Bremsen geschleudert. Bei dem Regen schließlich kein Wunder.

Frau: Bist du verletzt, Walter?

Mann: Gott sei Dank nur ein paar blaue Flecken, kaum der Rede wert.

Frau: Ach, na ja, is' ja noch mal gutgegangen. Ja, und der andere?

Mann: Der andere ist 'ne Frau. Sie ist mit dem Kopf gegen die Scheibe geprallt. Aber es scheint nicht sehr schlimm zu sein. Vielleicht 'ne leichte Gehirnerschütterung.

Frau: War sie schon beim Arzt?

Mann: Nein.

Frau: Wär' aber besser. Was ist mit, eh...

Mann: Wenn du unsern Wagen meinst, den hat es ganz schön erwischt. Den erkennst du kaum wieder.

Frau: Ach, du liebe Zeit. Wo steht er denn jetzt?

Mann: Also, noch steht er hier auf der Straße. Aber die Polizei ist schon hier.

Frau: Was, die Polizei?

Mann: Ja, natürlich. Ist doch klar, die mußten doch kommen. Ich soll übrigens schuld haben.

Frau: Natürlich hast du schuld, ich hab' doch immer gesagt, daß die Reifen...

Mann: Ach, Quatsch, so alt sind die Reifen doch noch gar nicht.

Frau: Na, hör mal, du weißt doch selbst, wieviel die Reifen drauf haben.

Mann: Hör bloß auf, schließlich warst du es, die unbedingt den Pelz haben mußte. Außerdem sind die Reifen noch ganz in Ordnung.

Frau: Ach, erzähl mir doch nichts! Und dann noch die nasse Fahrbahn. Es ging wohl wieder mal nicht schnell genug?

Mann: Hör doch auf zu meckern, Dora!

Frau: Ich mecker ja gar nicht! Aber wenn ich das so höre...

Mann: Also, ich will dir mal was sagen: Was mir passiert ist, kann jedem passieren. Ist es denn wirklich so schlimm? Niemand ist tödlich verletzt.

Frau: Tut mir leid, Walter, aber gerade jetzt, wo wir das Schlimmste hinter uns haben.

Mann: Hör mal, Dora, was das Finanzielle betrifft, so werden wir schon damit fertigwerden.

Frau: Natürlich werden wir damit fertig. Aber wie?

Mann: Vielleicht, vielleicht könntest du für kurze Zeit wieder arbeiten gehen, außerdem müßten wir wohl am Haushaltsgeld sparen, ich könnte mehr Überstunden machen...

Frau: Walter, für dich ist immer alles so einfach, Hauptsache dein...

Mann: (Klick)
Frau: Walter? Walter? Hallo! Einfach aufgelegt, dieser Kerl!

6. ICH HATTE EINEN UNFALL (TEXT B)

Frau: Hier Dora Krüger.
Mann: Hier Walter. Dora, ich hatte einen Unfall.
Frau: Um Gottes willen. Hoffentlich nichts Schlimmes?
Mann: Nein, nein...
Frau: Wie ist das denn passiert?
Mann: Ich wollte einen Mercedes überholen. Da kommt mir 'n VW entgegen.
Frau: Und dann?
Mann: Mein Wagen kommt ins Schleudern, und dann bin ich gegen den Mercedes geprallt.
Frau: Ha, bist du verletzt?
Mann: Gott sei Dank nur 'n paar blaue Flecken.
Frau: Ja, und der andere?
Mann: Der andere ist 'ne Frau. Ich glaube, sie hat 'ne leichte Gehirnerschütterung.
Frau: Was ist mit...
Mann: Unser Wagen, der ist ziemlich kaputt. Ja, und die Polizei ist auch schon hier. Ich soll schuld haben.
Frau: Natürlich hast du schuld. Die Reifen sind doch viel zu alt.
Mann: Aber du wolltest doch den Pelz haben. Außerdem sind die Reifen noch in Ordnung.
Frau: Ach was! Es ging wohl wieder nicht schnell genug?
Mann: Hör doch auf zu schimpfen.
Frau: Ich schimpfe ja gar nicht. Aber was das wieder alles kostet!
Mann: Ach, laß mich in Ruhe!

VI Interviews

1. EIN NEUER IN MÜNCHEN

Reporter: Kurt, bist du ein echter Münchner?

Kurt: Nein, ich kam nach München, als ich dreizehn war. Das ist eine lange Geschichte. Mein Vater ist Rechtsanwalt, und meine Mutter war Hausfrau. Wir lebten in Essen in unserem schönen Einfamilienhaus. Alles war völlig in Ordnung, bis mein Vater sich eines Tages in seine Sekretärin verliebte und mich und meine Mutter verließ. Das war ein harter Schlag für uns beide. Ich war damals sieben. Fünf Jahre später starb meine Mutter an Krebs.

Reporter: Aha, und was geschah dann?

Kurt: Na ja, mein Vater holte mich nach München, wo er schon seit einigen Jahren mit seiner neuen, jungen Frau wohnte.

Reporter: Und wie fandest du die Idee, zu ihnen nach München zu ziehen?

Kurt: Ich hatte ja keine andere Wahl. Ich hatte natürlich viele Vorurteile gegen meine junge Stiefmutter. Und ich muß ganz ehrlich zugeben, zuerst gab es ziemlich große Probleme. Aber allmählich merkte ich, daß meine Stiefmutter meine echte Freundin sein wollte und vieles tat, um mir das Eingewöhnen leichter zu machen. Jetzt komme ich gut mit ihr zurecht und bin ziemlich zufrieden mit meinem Leben.

Reporter: Ah, mhm, was heißt „ziemlich zufrieden"? Hast du denn Schwierigkeiten mit deinem Vater?

Kurt: Eigentlich nicht. Aber mein Verhältnis zu meinem Vater ist ganz anders als früher. Als Kind liebte ich ihn wirklich, wir hatten einen engen Kontakt miteinander. Nun habe ich oft das Gefühl, daß ich überhaupt keinen Kontakt zu ihm finde und im besten Fall nur einen kühlen und sachlichen. Ich hab' sehr selten Krach mit ihm. Er versucht, mich zu verstehen, aber irgend etwas fehlt, was früher da war. Ich kann nichts dafür.

Reporter: Ehm, hast du denn schon viele gute Freunde hier gefunden?

Kurt: Nein, leider nur einen richtigen. Ich glaube, daß ich selbst daran schuld bin. Ich bin einfach zu schüchtern und zu kontaktarm. Darum verhalten sich meine Klassenkameraden ziemlich gleichgültig mir gegenüber.

Reporter: Und, äh, was erwartest du von der Zukunft?

Kurt: Das weiß ich nicht so ganz genau. Ich hab' eigentlich keine großen Erwartungen. Vielleicht ist es auch besser so, dann fühlt man sich später nicht so furchtbar enttäuscht.

Reporter: Ich wünsche dir jedenfalls alles Gute! Hoffentlich wirst du eines Tages ein selbständiger, optimistischer Mensch. Vielen Dank für das Interview!

2. MARIUS, DER MUSIKER

Interviewer: Du, Marius, sag mal: Welches Instrument spielst du?

Marius: Baßgitarre, eine elektronische.

Interviewer: Hast du dir die Gitarre selbst gekauft?

Marius: Nee, die hab' ich von meinen Eltern geschenkt bekommen. Das war letztes Jahr zu Weihnachten.

Interviewer: Aha, du hast gesagt, deine Gitarre sei eine elektronische. Was bedeutet das eigentlich?

Marius: Elektronisch? Zu der Gitarre gehört auch ein Verstärker.

Interviewer: Du, ich glaube, diese Verstärker kosten eine ganze Menge Geld. Hab' ich recht?

Marius: Das stimmt. Meiner z.B. hat fast 1000 Mark gekostet.

Interviewer: Oho, aber woher kann ein Schüler so viel Geld bekommen? Jobbst du?

Marius: Na, das mach' ich gelegentlich auch. Aber für einen Verstärker hätte es nicht gereicht, was ich zusammengespart habe. Ich kriege so zum Geburtstag immer ein Geschenk von meinen Verwandten und natürlich auch von meinen Eltern. Das letzte Mal, als ich Geburtstag hatte, sagte ich zu denen, sie sollen mir lieber Geld geben. Und das haben sie auch gemacht. Mit dem Geld hab' ich mir den Verstärker angeschafft.

Interviewer: Sag mal, Marius, gibt es in deinem Freundeskreis auch andere, die ein Instrument spielen?

Marius: O ja. Wir sind vier in einer Gruppe, die sich ein- bis zweimal in der Woche treffen und die zusammen spielen.

Interviewer: Aha, ihr übt also wirklich regelmäßig? Wo trefft ihr euch denn?

Marius: Bei Stefan, einem Freund von mir, wohnt in einem Einfamilienhaus. Die haben einen großen Keller, und dort können wir in aller Ruhe spielen.

Interviewer: Tja, ich kann mir denken, daß es nicht so leicht ist, irgendeinen Raum zu finden, wo man üben kann.

Marius: Ja. Stimmt. In der Wohnung kann man nicht spielen. Die Nachbarn meckern wegen des Lärms.

Interviewer: Welche Instrumente habt ihr denn in der Gruppe?

Marius: Stefan spielt Gitarre, ich also Baßgitarre. Peter hat Schlagzeug, und Jürgen spielt Orgel.

Interviewer: Orgel?

Marius: Ja, eine elektronische.

Interviewer: Ah ja.

Marius: Die Orgel ist Klasse. Leider aber sehr teuer. Jürgen arbeitet schon als Lehrling in einer Fabrik. Der kann sich mehr leisten als ein Schüler. Außerdem bekommt er ganz schön viel Taschengeld.

Interviewer: Und, mhm, habt ihr denn vor, auch mal aufzutreten?

Marius: Das ist natürlich unser Traum. Aber so weit sind wir noch nicht. Das dauert noch 'ne Zeitlang bis zum öffentlichen Auftritt. Wir alle bewundern die Rockgruppe 'Wishbone Ash'. Ich habe viele Platten von denen, und die hören wir uns oft an.

Interviewer: Wie ist es denn hier in Bad Homburg? Gibt es hier gute Bands?

Marius: Ja, wir haben hier 'n paar gute, z.B. die BoBo Bolinskis Blues Band. In der spielen Schüler eines Gymnasiums. Und dann haben wir noch Frantic Dwarf, eine Rockgruppe, zu der gehören zwei Schüler und zwei richtige Musiker.

Interviewer: Wie heißt eure Gruppe eigentlich?

Marius: Wir haben noch keinen guten Namen gefunden.

Interviewer: Na ja, sicher werdet ihr ihn noch finden. Ich wünsche euch viel Spaß und auch viel Erfolg.

Marius: Danke.

(frei nach *Scala Jugend Magazin* 3/1974)

3. EINE KLEINE UNO

Interviewerin: Herr Dr. Klunker, was sind Sie von Beruf?

Jürgen Klunker: Ich bin Physiker. Ich arbeitete früher in einem Forschungsinstitut.

Interviewerin: Aber Sie arbeiten nicht mehr in diesem Institut?

Jürgen Klunker: Nein, ich bin in die Schule gegangen.

Interviewerin: Und warum?

Jürgen Klunker: Weil ich lieber pädagogisch als rein wissenschaftlich tätig sein wollte.

Interviewerin: Und Sie, Frau Dr. Klunker, was sind Sie von Beruf?

Barbara Klunker: Ich bin Ärztin, allerdings arbeite ich nur noch sehr wenig.

Interviewerin: Es kommt ja selten vor, daß man neben den eigenen Kindern auch noch Adoptivkinder hat.

Was hat sie dazu gebracht?

Jürgen Klunker: Seit wir uns kennen, haben wir darüber geredet, daß wir Kinder adoptieren wollen. Es gibt doch so viele Kinder, die versorgt werden müssen und eine Familie brauchen.

Barbara Klunker: Wir haben uns auch vorgestellt, daß die Liebe zu den eigenen Kindern nicht die einzig mögliche ist, daß eine Mutter-Kind-Beziehung nicht davon abhängt, ob man die biologische Mutter ist.

Interviewerin: Welche Erfahrungen haben Sie mit Ihren Adoptivkindern Nicole und Shandor gemacht?

Barbara Klunker: Jedes der Kinder, ob eigenes oder adoptiertes, ist uns gleich lieb. Emotional gibt es keinen Unterschied mehr.

Interviewerin: Wann haben Sie das erste Kind adoptiert?

Barbara Klunker: Als wir unser erstes eigenes bekommen hatten, unsere Julia. Da beschlossen wir, ein etwa gleichaltriges Kind zu adoptieren.

Interviewerin: Und wie haben Sie das gemacht? Ich meine, wie gingen Sie vor?

Jürgen Klunker: Nun, mhm, wir setzten uns mit verschiedenen Organisationen in Verbindung, mit dem UNO-Kinderhilfswerk und mit dem Jugendamt.

Barbara Klunker: Und schließlich bekamen wir Nicole, ein elternloses Kind aus Amerika, damals gerade neun Monate alt.

Interviewerin: Hatten Sie sich ein Kind mit dunkler Hautfarbe gewünscht?

Barbara Klunker: Also, daß Nicole dunkle Hautfarbe hatte, war wirklich ein Zufall, denn wir fanden, daß unter den Kindern, die die Fürsorgerin nannte, Nicole am nötigsten Hilfe brauchte.

Jürgen Klunker: Mhm, 1971 wurde unser Daniel geboren. Da war uns klar, daß wir noch einen Buben, eben Shandor, den Sohn eines afrikanischen Studenten, adoptieren sollten. Es, mhm, es schien uns wichtig für die Gruppe, in die Julia, Nicole und Daniel hineinwuchsen.

Interviewerin: Was sagen Sie nun Ihren Kindern, wenn Sie gefragt werden, wie es kommt, daß die einen blond und die anderen dunkel sind?

Barbara Klunker: Also, wir versuchen ganz ehrliche Erklärungen zu geben. Wir sagen ihnen mit einfachen Worten, wie es dazu kam, daß sie Geschwister wurden.

Interviewerin: Können Sie uns sagen, was die, na ja, sagen wir mal, Grundlage Ihrer Erziehung ist?

Jürgen Klunker: Immer für die Kinder da zu sein. Was sie einmal werden, ist ja nicht so wichtig. Wichtig ist nur, daß sie glücklich sind und lebenstüchtig. Mehr können wir ihnen nicht geben.

Interviewerin: Frau Dr. Klunker, Herr Dr. Klunker, vielen Dank für dieses Gespräch!

(nach: *Scala* Nr. 2/1975)

VII Telefonate

1. ES IST SO HEIß

Frau: Hier Köhler.

Hans: Hier ist Hans Kühn. Guten Tag, Frau Köhler.

Frau: Guten Tag, Hans.

Hans: Entschuldigen Sie bitte die Störung, könnte ich wohl bitte mit Inge sprechen?

Frau: Da haben Sie Glück, Hans. Meine Tochter kommt gerade vom Judotraining nach Haus. Einen Moment bitte, ich rufe sie. In-ge! Te-le-fon!

Inge: Ja?

Hans: Hallo, Inge!

Inge: Tag, Hans. Wie geht's? Von wo aus rufst du an?

Hans: Ich bin hier mit Jochen bei Stefan Gusche, wir hören uns seine neuesten Platten an. Was ich dich fragen wollte...

Inge: Stefan - ist das der Gutaussehende mit dem Günter-Grass-Bart und den schwarzen Augen?

Hans: Ja, das ist er. Wieso? Möchtest du mit ihm sprechen?

Inge: Aber nein, Hans, Liebling. Sei doch nicht gleich so eifersüchtig. Du weißt doch, daß ich nur dich ...

Hans: Also gut! Was ich dich fragen wollte: Können wir am Sonnabend nicht mal wieder an die Ostsee fahren? Nach Travemünde oder Timmendorfer Strand? Das letzte Mal war's doch so prima. Und die Schwimmbäder sind ja sowieso überfüllt.

Inge: Gute Idee. Es ist ja so heiß, daß ich's kaum noch aushalte. Heute beim Judo... na ja, is ja auch egal.

Hans: Also, paß auf, Inge. Wir nehmen am besten wieder den 7.50-Uhr-Zug nach Travemünde, dann haben wir den ganzen Tag am Strand.

Inge: Gut. Und zurück mit dem 20.23 Uhr, ja? Wir treffen uns am Hauptbahnhof vor den Fahrkartenschaltern?

Hans: Abgemacht. Übrigens: Stefan kommt auch mit. Er bringt seine Freundin mit.

2. DEUTSCHKENNTNISSE GUT

Mann 1: Firma Petermann & Söhne, guten Tag.

Frau: Mein Name ist Liisa Sundström, guten Tag. Ich habe Ihre Anzeige in der Zeitung gelesen, und da...

Mann 1: Einen Moment, ich verbinde Sie mit der Personalabteilung.

Mann 2: Personalabteilung, Schuber.

Frau: Guten Tag. Mein Name ist Liisa Sundström. Ich rufe wegen Ihrer Anzeige in der Zeitung an.

Mann 2: Welche Anzeige meinen Sie denn?

Frau: Na die, wo Sie eine Auslandskorrespondentin suchen für drei Monate ab 1. März.

Mann 2: Ach richtig, weil unsere Frau Büttner ein Baby erwartet.

Frau: Ja, die Anzeige meine ich.
Mann 2: Nun, wie alt sind Sie - wie war doch gleich Ihr Name?
Frau: Sundström, Liisa Sundström. Ich bin 22.
Mann 2: Aha. Daß Sie keine Deutsche sind, kann ich am Akzent hören, aber Sie sprechen ausgezeichnet deutsch.
Frau: Danke. Ja, ich stamme aus Finnland. Ich habe fünf Jahre Deutsch gelernt, auf dem Gymnasium.
Mann 2: Und welche Ausbildung haben Sie, Fräulein Sundström?
Frau: Ich habe in Lahti das Abitur gemacht und anschließend auf der Wirtschaftshochschule in Helsinki drei Jahre studiert. Jetzt studiere ich hier in Köln Wirtschaftswissenschaften.
Mann 2: Fräulein Sundström, können Sie maschineschreiben?
Frau: Ja, ich hatte einen Kurs an der Volkshochschule.
Mann 2: Und wie steht es mit Ihren Englischkenntnissen?
Frau: Englisch war an der Schule meine erste Fremdsprache.
Mann 2: Ausgezeichnet. Können Sie noch mehr Sprachen?
Frau: Na, meine Muttersprache Finnisch natürlich, und dann noch Schwedisch, die zweite Landessprache in Finnland.
Mann 2: Sehr schön. Sagen Sie, Fräulein Sundström, könnten Sie morgen vormittag so gegen zehn Uhr mal bei uns vorbeikommen?
Frau: Ja, das geht. Aber wie komme ich denn am besten zu Ihnen?
Mann 2: Sie nehmen Linie siebzehn bis Habsburgerring. Und vergessen Sie Ihren Paß nicht!
Frau: Ich werde daran denken. Vielen Dank und auf Wiederhören.
Mann 2: Auf Wiederhören.

3. WAS MACHST DU DENN HIER IN WIEN?

Mann 1: Hier Aschenbach.
Mann 2: Hier ist Bruno.
Mann 1: Bruno? Verzeihung, aber ich verstehe nicht recht...
Mann 2: Was, du erkennst mich wirklich nicht? Bruno Wispler!
Mann 1: Das kann doch nicht wahr sein! Du hier in Wien, Bruno? Also das ist wirklich 'ne Überraschung. Wie lange haben wir uns eigentlich nicht gesehen?
Mann 2: Oh, das müssen so acht, neun Jahre sein.
Mann 1: Woher wußtest du eigentlich, daß ich jetzt wieder in Wien bin?
Mann 2: Wer weiß das nicht. Kurt? Aber ich will ehrlich sein: Bis vor einer Stunde habe ich's auch nicht gewußt.
Mann 1: Und wie hast du's herausgefunden?
Mann 2: Ganz einfach: Ich bin hier in Wien bei 'ner Umweltschutzkonferenz. Heute abend, in meinem Hotel, stelle ich das Fernsehen an, die Sendung „Journalisten interviewen Menschen wie dich und mich" - und wer ist der Journalist? Du! Mensch, du hast wirklich Karriere gemacht. Außerdem fand ich die Sendung großartig. Was du aus dem Taxifahrer alles herausbekommen hast, das war schon Klasse.
Mann 1: Besten Dank, freut mich, wenn dir die Sendung gefallen hat. Aber das mit der Karriere - du das hat auch Schattenseiten. Einfach is' es auch nicht. Die Konkurrenz ist ganz schön hart. Aber du - was machst du denn bei der Umweltschutzkonferenz?
Mann 2: Ich bin bei der schweizerischen Kommission.
Mann 1: Was! - Also hast du die Karriere gemacht, Bruno.
Mann 2: Ach was, so'n wichtiger Mann bin ich nicht. Du weißt doch, ich bin Chemiker.

Mann 1: Sag mal, wofür hälst du mich eigentlich? Natürlich weiß ich das! Schließlich haben wir vor noch nicht allzu langer Zeit zwei Jahre zusammen in München studiert.

Mann 2: Na ja, ich bin jetzt bei einem Konzern in Basel, und irgendeine Regierungsstelle hat mich in die Kommission gewählt. - Warum müssen wir das eigentlich alles am Telefon besprechen? Hast du heute abend noch was vor, Kurt?

Mann 1: Nee. Komm doch zu mir raus, Bruno.

Mann 2: Wo wohnst du denn?

Mann 1: In Schwechat.

Mann 2: Was, in der Nähe vom Flughafen? So weit draußen? Du, ich habe einen anderen Vorschlag. Wir können uns doch im Zentrum in einem Restaurant oder in einer Bar treffen, was meinst du?

Mann 1: Einverstanden. Wie wär's mit der Europa-Bar am Ring?

Mann 2: Warum nicht? Und wann?

Mann 1: Na ja, jetzt is' es halb zehn. Ich könnte so gegen zehn Uhr da sein. Paßt dir das?

Mann 2: Prima. Also um zehn in der Europa-Bar. Bis dann, Kurt! Bestell schon mal einen für mich mit!

Mann 1: Wird gemacht, Bruno. Also: bis gleich.

VIII Diskussionen

1. ÄRGER UM DEN URLAUB

Vater: Also, ich hab' mir das mal überlegt...

Die anderen: Was?

Vater: Das mit dem Urlaub dieses Jahr. Ich fand es letztes Jahr in Rimini so schön.

Die anderen: Och.

Vater: Ich meine, ich meine, wir sollten auch in diesem Jahr wieder hinfahren. Das Hotel war prima, das Essen prima, der Strand...

Christa: Ach.

Vater: Nichts dagegen zu sagen, und genug Deutsche, mit denen man reden kann, ja. Und das Wetter, so ein Wetter gibt' s nur in Rimini. Wir nehmen wieder das Auto, dann können wir uns freier bewegen.

Mutter: Wir wollen nicht nach Rimini!

Christa: Ist doch langweilig.

Peter: Wieder tagelang im Auto sitzen.

Christa: Und den ganzen Tag am Strand herumliegen.

Peter: Wieder drei Wochen nichts als Nichtstun, mit uns nicht!

Christa: Eine einzige Promenade, und da läufst und läufst du!

Vater: Euch gefallen wohl meine Ferien nicht!

Mutter: Es ist doch nicht gegen dich, Karl. Wir könnten aber auch einmal anders...

Vater: Macht eure Ferien doch alleine!

Mutter: Aber Karl, es muß doch nicht immer Rimini sein! Du schläfst, und wir sitzen herum. Es gibt doch so viele schöne Möglichkeiten, Ferien zu machen.

Vater: Uff.

Mutter: Laß uns doch mal was anderes tun, mal was erleben!

Vater: Ich komme kaputt heim und direkt wieder in den Alltag mit Arbeit und so, he.

Mutter: Aber Karl! Kaputter als nach der Reise hin und zurück kann keiner sein!

Peter: Wir wollen anders Ferien machen!

Es wird unheimlich still im Zimmer. Vater blättert in seiner Zeitung. Er meint, er habe das Recht, einmal im Jahr sich total zu erholen. Sein Beruf ist sehr anstrengend. In seinem Beruf hat er so viele Kontakte mit Menschen, daß er einmal im Jahr am liebsten gar keine sähe, außer seiner Familie, die er das Jahr über zu wenig sieht. Für ihn bedeutet der Urlaub: Sonne, Sand, Wind und Wärme. Nichtstun ist für ihn wichtig.

Frau Rilke ist ein bißchen das, was man „grüne Witwe" nennt. Ihr Leben im Vorort ist ziemlich langweilig. Die Kinder geben ihrem Leben den Inhalt, aber sie möchte einmal im Jahr mehr sehen als die Gesichter ihrer Kinder und ihres Mannes. Einmal im Jahr will sie freier sein als sonst. Sie will neue Eindrücke, Erlebnisse, Abwechslung. Sie will einmal mehr als Hausfrau sein.

Letzten Sommer fühlte Christa sich einsam in Rimini. Sie fand keinen Kontakt zu den Älteren, sie suchte ihn nicht zu den Jüngeren. Sie will nie mehr nach Rimini. Sie will tolle Ferien.

Peter hat ein anderes Problem: Sein bester Freund bleibt dieses Jahr in den Ferien zu Hause. Am liebsten bliebe Peter bei ihm. Sie hätten da einige schöne Ideen. Vergangenes Jahr war Peter sehr enttäuscht. Für braun werden fehlt ihm der Humor. Und Abenteuer gab es keine. Peters Ferienwunsch: die Eltern mit Christa in Ferien schicken und dann was Spannendes und Tolles machen!

Am Morgen beim Frühstück war die Stimmung viel besser als am Abend zuvor. Vielleicht hatte jeder in der Nacht von seinem persönlichen Traumurlaub geträumt.

Christa: Vater, du kannst gucken, wie du willst. Mutter, laß mich mal! Wir wollen doch Ferien gemeinsam machen. Also müssen wir die Ferien anders machen. Also müssen wir eben das, was Vati will - Vati guck nicht so - und das, was wir alle wollen.

Peter: Und wie machen wir das?

Christa: Ich schlage vor, daß jeder seine Ferienwünsche und Ideen auf Zettel notiert. Mit ein bißchen Phantasie geht das sicher!

Alle sind einverstanden. Am Abend beginnt die große Feriendiskussion.

Christa: Lange schlafen, Frühstück im Bett, wandern ohne Auto, viel Kino, schwimmen, Boot mieten, lesen, Stadtbummel, Picknick mit Lagerfeuer, Beatkonzerte, toll essen gehen, abends lange aufbleiben.

Mutter: Das war aber eine lange Liste! Ich hab' einen halben Tag lang in allen möglichen Reiseprospekten herumgeblättert. Ich will raus aus dem Alltag - mit einem Wort: Abwechslung! Viel mit neuen interessanten Menschen zu tun haben!

Peter: Und ich will in meinen Ferien Sachen machen, die auch andere Jungen machen. Viele Abenteuer erleben!

Vater: Na ja, ich muß nachgeben! Ich sehe jetzt ein, daß ich egoistisch gewesen bin. Was sagt ihr zu den folgenden Vorschlägen...

Vater ist nicht wiederzuerkennen. Und als die vier die vier Listen miteinander vergleichen, merken sie, daß sie vieles gemeinsam machen können, wenn man nur die Ferien mit Phantasie plant!

(frei nach *Ferien mit Phantasie*)

2. PROBLEME IM ELTERNHAUS

Interviewer: Würdet ihr euch zunächst mal vorstellen?

Silke: Ich heiße Silke, bin sechzehn Jahre alt. Ich besuche eine Oberschule in West-Berlin.

Christine: Mein Name ist Christine, ich bin siebzehn. In einem Jahr mache ich das Abitur, ich bin also in der Oberstufe eines Gymnasiums.

Hartmut: Ich heiße Hartmut, bin sechzehn und besuche eine Berufsschule.

Klaus: Und ich heiße Klaus. In zwei Monaten werde ich siebzehn. Ich bin in der achten Klasse.

Interviewer: Und mein Name ist Jürgen Kühn. Ich arbeite als freier Reporter in West-Berlin. Ich schreibe

Artikel für verschiedene Zeitungen. Diesen Bericht mache ich für ein internationales Jugend-Magazin. - Und jetzt zu unserem Thema! Na, wie sieht es bei euch in der Familie aus? Habt ihr Probleme im Elternhaus? Silke, bitte!

Silke: Das eigentliche Problem, das ich habe, ist mein Vater. Mit meiner Mutter komme ich sehr gut aus. Sie hat Verständnis für mich, und wenn wir verschiedener Meinung sind - zum Beispiel, ob ich auf eine Party gehen soll oder nicht -, nimmt sie ernst, was ich zu sagen habe, und meistens kommen wir zu einer vernünftigen Lösung. Mein Vater dagegen..., mit ihm kann man überhaupt nicht reden. Er sagt nur zu mir: „Du darfst das und das nicht machen!" Und er begründet nicht einmal seine Meinung, warum ich etwas nicht machen darf ... Oft schreit er mich an: „Mach doch, was du willst!" Das ist sehr schlimm für mich, weil ich nicht will, daß unser Verhältnis schließlich ganz kaputtgeht.

Interviewer: Hartmut?

Hartmut: Ich habe fast überhaupt kein Verhältnis mehr zu meinem Vater. Wir unterhalten uns nicht mehr, haben uns eigentlich auch nichts mehr zu sagen.

Interviewer: Warum?

Hartmut: Seit ich vor anderthalb Jahren mal für einige Zeit von zu Hause weggegangen war, hat mein Vater mir nichts mehr vorgeschrieben, was ich machen soll.

Interviewer: Mhm, Christine, bitte!

Hartmut: Meine Mutter mag ich. Sie versteht mich besser. Ich respektiere auch in vielen Dingen ihre Meinung, weil ich nicht möchte, daß sie ein trauriges Gesicht macht.

Interviewer: Em Christine, bitte!

Christine: Ich hab' keine direkten Probleme mit meinen Eltern. Unser Verhältnis ist eigentlich sogar sehr gut.

Interviewer: Hhm.

Christine: Ich kann mich mit ihnen allerdings nicht über meine persönlichen Probleme unterhalten; da wende ich mich an meine ältere Schwester oder an Freunde. Das Vertrauen ist wohl doch noch nicht so ganz da. Im Augenblick habe ich mit meinen Eltern Streit darüber, mit wem ich verreisen darf. Ich wollte über Ostern mit zwei Freunden nach Kopenhagen fahren, was meine Eltern für zu gefährlich hielten. Ich hab' dann nachgegeben, ich wollte nicht, daß daraus ein großer Krach wird.

Interviewer: Und Klaus?

Klaus: Mit meiner Mutter komme ich sehr gut aus. Ich mache viel mit ihr zusammen, und wir besprechen auch persönliche Probleme. Vielleicht kann man sogar sagen, daß wir Freunde sind. Das Verhältnis zu meinem Vater ist leider ähnlich wie bei Silke.

Interviewer: Es sieht so aus, als ob die Väter etwas schwierig sind. Warum kann man denn nicht mit ihnen reden? Könnt ihr euch denken, woher das eigentlich kommt? Na, Silke?

Silke: Ich glaube, mein Vater hätte lieber einen Sohn gehabt. Er interessiert sich für Technik und fürs Basteln, ich dagegen überhaupt nicht. Mit meiner Mutter habe ich viel mehr gemeinsame Interessen.

Interviewer: Mhm, was sagst du, Klaus?

Klaus: Ein bißchen geht das wohl auch von uns Kindern aus. Auch wir sind schuld daran, daß kein Kontakt zustande kommt. Ich jedenfalls gehe, wenn ich Probleme habe, automatisch zu meiner Mutter und versuche nicht einmal, mit meinem Vater darüber zu sprechen.

Hartmut: Wahrscheinlich hast du schlechte Erfahrungen gemacht.

Klaus: Ja, aber trotzdem sollte man es immer wieder versuchen, finde ich.

Hartmut: Also, mein Vater wollte früher unbedingt, daß ich die gleiche Meinung hab' wie er. Er wollte seine eigene Weltanschauung auf mich übertragen. Dagegen hab' ich protestiert. Und jetzt versucht er es nicht mehr.

Interviewer: Christine!

Christine: Ich glaube, Eltern meinen immer, sie müßten einem Entscheidungen abnehmen. Ich will aber meine eigenen Erfahrungen machen. Wenn ich einmal abends zu spät nach Hause komme und am nächsten Morgen in der Schule müde bin, werde ich das nächste Mal sicher von selber früher ins Bett gehen.

Hartmut: Ich glaube, Eltern können einem gar nicht alle Entscheidungen abnehmen. Irgendwann muß man es ja lernen, selbst zu entscheiden.

Interviewer: Das ist richtig.

Christine: Ja, aber das gegenseitige Vertrauen fehlt doch irgendwie. Die Eltern haben kein Vertrauen zum Kind..., daß es selbst seine eigenen Entscheidungen machen kann.

Interviewer: Tja, wie könnte man das Verhältnis zwischen Eltern und Kindern verbessern? Habt ihr da einen Vorschlag? Wie wollt ihr es selber später einmal besser machen? Silke, bitte!

Silke: Das kann ich jetzt noch nich' sagen. Ich sehe, wie meine kleine Schwester aufwächst, und mache mir darüber meine Gedanken. Aber ich kann mir jetzt noch gar nicht vorstellen, was später einmal sein wird.

Interviewer: Klaus!

Klaus: Ich finde, man sollte sich Mühe geben, daß die einzelnen Mitglieder der Familie offener zueinander sind, daß sie mehr Vertrauen zueinander haben...

Hartmut: Also, ich stelle mir unter einer idealen Familie eine Gruppe mit Mitgliedern vor, die alle gleiche Rechte haben und in der die Kinder, auch wenn sie noch so klein sind, als Partner behandelt werden. Konflikte, die entstehen, muß man klären, nicht mit Krach, sondern so, daß jeder etwas dabei lernt. Keiner sollte der Chef sein.

Interviewer: Und Christine!

Christine: Ja, das meine ich auch. Die Kinder sollen die Möglichkeit bekommen, eigene Erfahrungen zu machen. Eltern und Kinder sollten Vertrauen zueinander haben - wie Klaus schon gesagt hat...

Interviewer: Vielen Dank ihr vier und viel Glück in euren Familien!

(frei nach *Scala Jugend Magazin* 1/1975)

3. ÜBER SINN UND UNSINN DER ZENSUREN

Interviewer: Karin und Thomas, heutzutage spricht man viel darüber, daß die Noten und Zeugnisse abgeschafft werden müßten. Man behauptet, mit guten Noten werden die Schüler belohnt, die sich an das heutige Schulsystem anpassen können. Die Noten schaffen Angst und Terror in der Klasse. Streber und leistungsstarke Schüler kommen hoch. Einem schwachen Schüler helfen sie aber in seinen Schwierigkeiten gar nicht. Der Schüler, der aus einem armen Elternhaus kommt, hat nicht die gleichen Chancen, wie einer aus der sozialen Oberschicht. Außerdem messen die Noten sehr ungenau. Die Lehrer geben Zensuren, wie es ihnen gerade paßt. Was meint ihr dazu?

Thomas: Na ja, niemand weiß, wie man es besser machen könnte - oder?

Karin: Die Zensuren haben doch nicht nur etwas mit der Schule zu tun. Sie sind doch ein wichtiger Teil unserer heutigen Gesellschaft. Man muß zuerst hier etwas ändern, bevor man die Notengebung ändern kann.

Thomas: Aber ich finde, daß die Notengebung in der Schule viel zu sehr von der Person des Lehrers abhängt. Wie will ein Lehrer meinen Aufsatz, den ich geschrieben habe, objektiv beurteilen? Er weiß doch gar nicht, was ich mir dabei gedacht hab'.

Karin: Das kann aber keiner! Der Lehrer ist nur ein normaler Mensch, und ein Mensch ist nie objektiv.

Thomas: Ja, aber vieles hängt auch davon ab, wie das Verhältnis zwischen Schülern und Lehrern in der Klasse ist.

Karin: Ja, und hier kommt es ganz besonders auf den Lehrer an. Meiner Meinung nach wollen die älteren Lehrer einfach keine Kritik an ihren Zensuren haben.

Thomas: Nein, ich glaub' nicht, daß das was mit alt und jung zu tun hat. Das kommt doch ganz auf den Typ drauf an.

Interviewer: Ihr wißt ja sicher, daß man inzwischen versucht, den Lehrer durch Computer und genormte Tests zu ersetzen. Wie steht ihr dazu?

Karin: Das finde ich gar nicht gut. Das wär doch viel zu mechanisch!

Thomas: Ich bin auch dagegen. Wie wär das z.B. in solchen Fächern wie Deutsch und Geschichte möglich? Wie kann ein Computer für Meinungen Noten geben?

Interviewer: Ein weiteres Problem ist wohl auch, daß ein Computer oder ein Lernprogramm kaum Schwierigkeiten zu Hause oder ein schlechtes Klassenklima berücksichtigen kann. Und die wirken sich doch schließlich auf die Schulleistungen aus.

Thomas: Na ja, leider berücksichtigen die Lehrer diese Dinge auch nicht. Sie meinen, das sei nicht ihre Sache.

Karin: Ja, das ist so, leider. Aber sie sollten es tun, find' ich.

Interviewer: In einigen Klassen sind die Lehrer dazu übergegangen, die Zensuren mit den Schülern gemeinsam zu besprechen. Wie findet ihr das?

Karin: Bei uns ist das auch schon vorgekommen, aber nur wenige Lehrer legen Wert darauf, was die

Klasse sagt. Trotzdem finde ich, daß ein Schüler die Möglichkeit bekommen sollte, die andern zu beurteilen und die Beurteilung zu begründen.

Thomas: Na ja, schon! Aber der Lehrer weiß doch von der Sache viel mehr als ein Schüler. Schließlich hat der ein langes Studium hinter sich!

Interviewer: Ja aber, welche Besserungs-, oder sagen wir mal, welche Verbesserungsvorschläge könntet ihr euch sonst noch vorstellen?

Thomas: Na also, ich find' die Notenspanne von eins bis sechs viel zu kurz.

Karin: Da hast du völlig recht. Außerdem sollten die Zensuren mit der Klasse besprochen werden, meine ich. Das würde das Arbeitsklima in der Schule wirklich sehr verbessern.

Interviewer: Na ja, aber die Schüler sind auch nur Menschen und nicht objektiv. Aber eins ist klar. Etwas Neues und Besseres müßte man finden, bevor man das alte System - wie du vorhin gesagt hast, na, wie du vorhin gesagt hast - abschaffen kann. Es war sehr interessant, eure Meinung zu hören. Vielen Dank für das Gespräch!

(frei nach *Scala Jugend Magazin* 1/1975)

C Lösungen

I Hören und Sehen

1. STIMMEN IM HAUS

2. RICHTUNG WILHELMPLATZ

3. VIEL LOS AUF DER STRAßE

4. WANN PAẞT ES DIR EIGENTLICH MAL?

Montag

Samstag

Mittwoch

Freitag

Sonntag

Donnerstag

Dienstag

5. EIN SCHÖNES WOCHENENDE

6

7
RESTAURANT

1

3

2

II Minidialoge

1. WIE GEHT ES IHNEN? - DANKE, GUT

I

1	2	3	4	5
B	D	A	E	C

II

1	2	3	4	5
E	A	B	C	D

III

1	2	3	4	5
B	D	A	E	C

IV

1	2	3	4	5
D	A	E	C	B

V

1	2	3	4	5
E	D	A	C	B

VI

1	2	3	4	5
E	A	B	C	D

VII

1	2	3	4	5
E	A	B	D	C

VIII

1	2	3	4	5
D	C	A	E	B

IX

1	2	3	4	5
E	C	B	A	D

2. WOHIN GEHEN SIE?

	1	2	3	4	5	6	7	8
A	X	X			X			
B				X		X		
C			X				X	X

3. WAS FÜR EINEN BERUF HABEN DIE LEUTE?

	1	2	3	4	5	6	7	8	9	10
A				X		X				X
B		X			X		X	X	X	
C	X		X							

4. WORÜBER WIRD GESPROCHEN?

	1	2	3	4	5	6	7	8	9	10	11	12	13	14	15
A		X	X				X	X					X	X	
B					X	X				X		X			X
C	X			X					X		X				

5. WO FINDET DAS GESPRÄCH STATT?

	1	2	3	4	5	6	7	8	9	10	11	12	13	14	15
A	X	X				X				X	X			X	
B			X						X						X
C				X	X		X	X				X	X		

	16	17	18
A	X		
B			
C		X	X

III Mündliche Mitteilungen

Die folgenden Lösungen sind bloß Beispiele. Wichtig ist nur, daß in Ihren Lösungen die schräg gedruckten Informationen vorkommen.

1. GUTE BESSERUNG!

Ute, hör mal. *Petra* hat *angerufen*. Sie kann *heute abend nicht mit ins Schwimmbad kommen*. Sie hat *die Grippe* und über *38 Grad Fieber*.

2. IST FRÄULEIN DROSNER DA?

Fräulein Drosner, *Frau Brüggemann*, die *Mutter von Jürgen Brüggemann aus der 4b*, hat *angerufen*. Ihr Sohn kann *morgen nicht am Klassenausflug teilnehmen*. Er hat eine *schwere Angina* bekommen.

3. EIN NEUER SESSEL

Mutter, *ein Herr vom Möbelhaus Seesemann* hat *angerufen*. *Den Sessel*, den Du *für Vati zum Geburtstag* bestellt hast, ist *nicht am Lager*. Sie müssen den Sessel *direkt bei der Fabrik bestellen*. Das dauert *vier Wochen*. Sie fragen, ob Du *einen anderen Sessel* möchtest. Du *sollst* mal *anrufen*.

4. ER IST GERADE ESSEN GEGANGEN

Herr Dr. Uhlmann, *Herr Kohls* hat *angerufen*. Er kann *heute nachmittag zur Konferenz* erst *eine halbe Stunde später* kommen. Er ist *bei einem Kunden in Niendorf*.

5. KOMMT IHR MIT?

Herr Bauer hat *angerufen*. Bauers möchten mit uns *am Sonntag* im Teutoburger Wald *einen Spaziergang machen*. *Am Abend laden* sie uns *zum Essen nach Hause ein*. Ihr sollt *Herrn Bauer morgen früh* gleich *im Büro anrufen* und ihm *Bescheid sagen*, ob wir *mitkommen*.

6. HERR BIESON IST NICHT IM HAUSE

Herr Bieson, eine *Frau Erdmann* hat **angerufen** wegen der *Anzeige in den Neuen Ruhr-Zeitung*. Sie ist zur Zeit *Sachbearbeiterin in der Exportabteilung der Firma Seuser und Söhne*. Sie ist *27 Jahre alt*, hat *Mittelschulabschluß* und eine *zweijährige Handelsschule* besucht. *Morgen früh*, so *gegen zehn Uhr*, *kommt* sie zu uns *ins Büro* und stellt sich vor.

IV Wegbeschreibungen

1. NACH EUTIN?

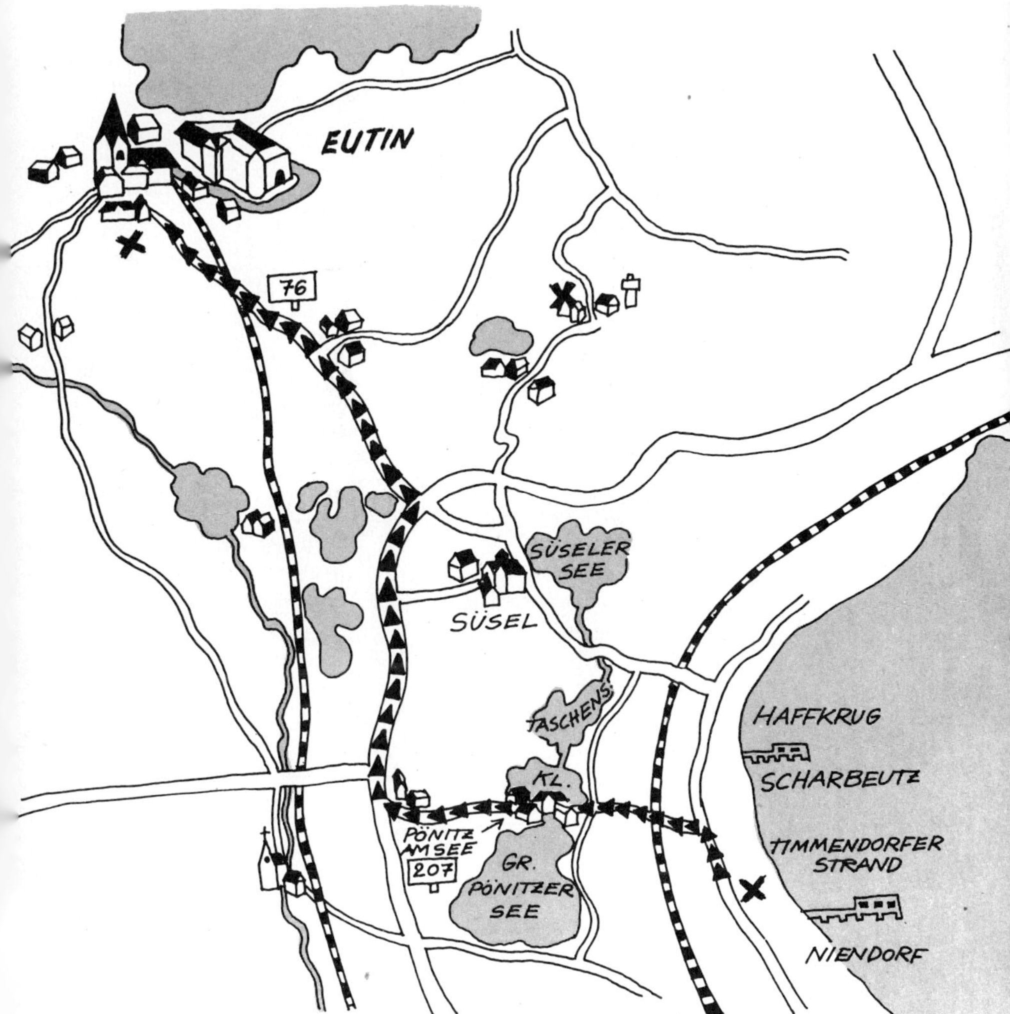

2. ZUM CAFÉ NIEDEREGGER?

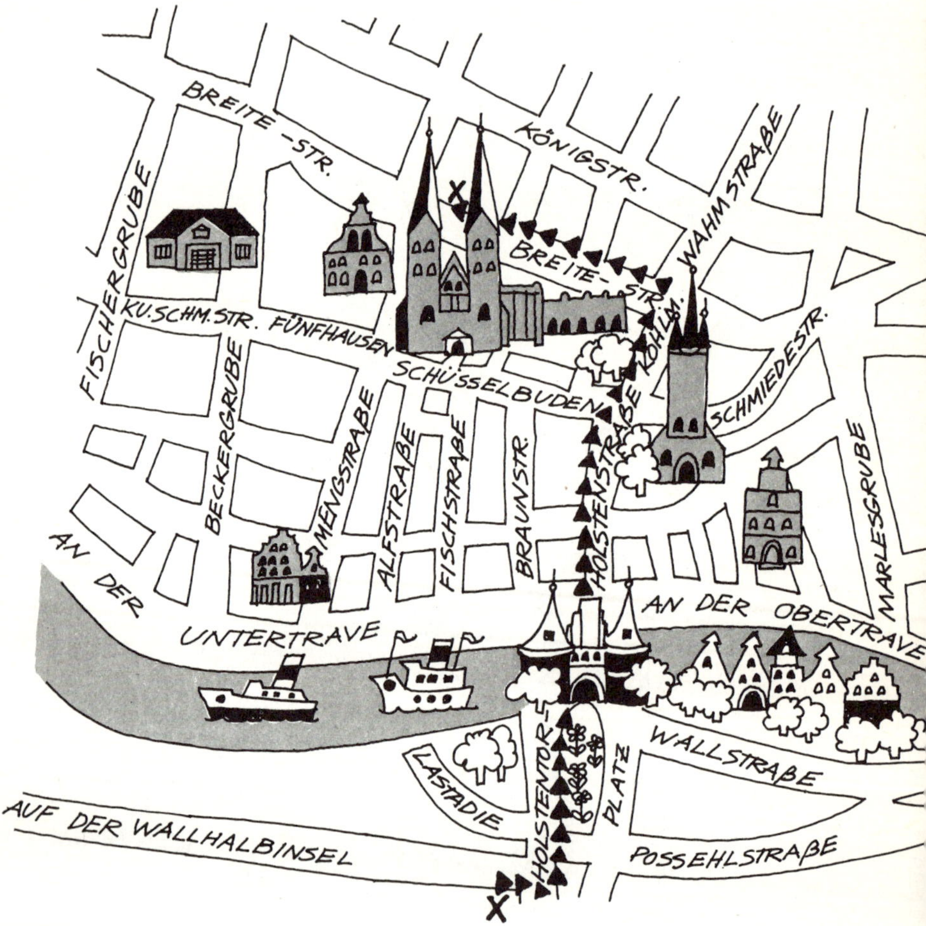

3. ZUM MESSEGELÄNDE?

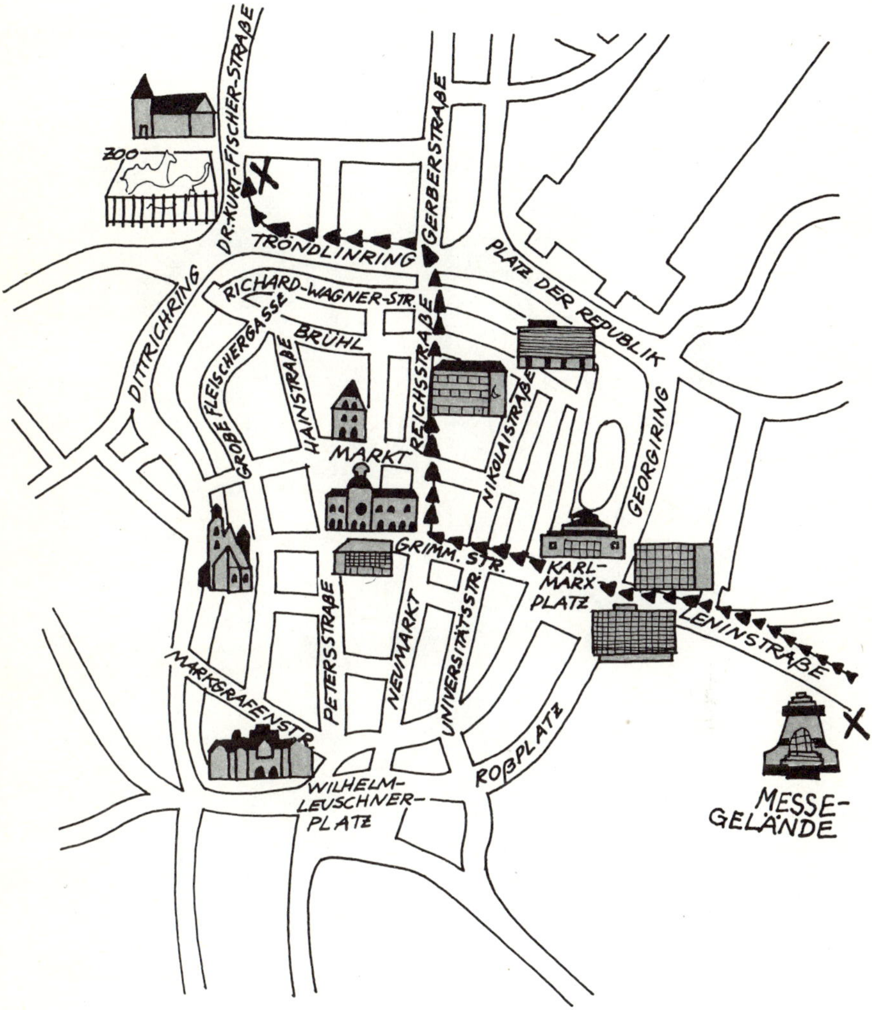

4. ZUR FRAUENKIRCHE?

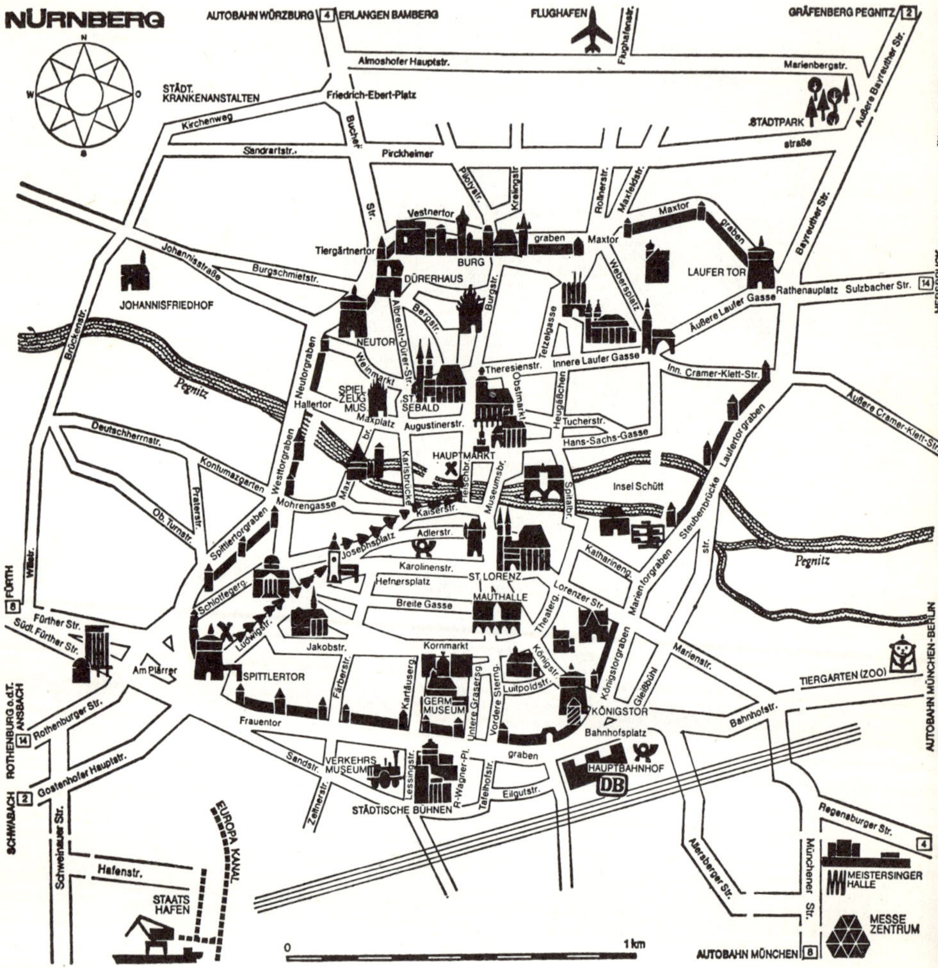

V Dialoge in zwei Versionen

1. UND HINTERHER TANZEN

Die folgenden Antworten sind nur Beispiele. Ihre eigenen Antworten sind dann richtig, wenn sie die schräg gedruckten Informationen sinngemäß enthalten.

1) Sie möchten *ins Theater* gehen.
2) Sie möchte vor der Theateraufführung *durch die Straßen bummeln* und *Schaufenster anschauen.*
3) Er möchte *in ein* gemütliches *Café* gehen.
4) Er kauft sich zuerst *einen 'Stern'.*
5) Es *fängt an zu regnen.*
6) Sie sitzen *am Fenster.*
7) Sie trinkt *ein Glas Apfelsaft.*
8) Sie bestellen *zwei Stück Sahnetorte.*
9) Sie möchte *tanzen* gehen.
10) Dort spielt *eine Band aus Stockholm.*

2. EIN PFUND TOMATEN, BITTE

Verkäufer: Bitte sehr?
Kunde: *Ich hätte gern ein Pfund Tomaten.*
Verkäufer: Die zu 2,20 oder die zu 1,80 das Pfund?
Kunde: *Ich nehme ein Pfund von denen zu 2,20*
Verkäufer: So, bitte schön. Noch 'n Wunsch?
Kunde: *Ich brauche noch einen Blumenkohl.*
Verkäufer: Bitte sehr! Noch etwas?
Kunde: *Geben Sie mir bitte noch ein Kilo Äpfel!* Welche können Sie *denn empfehlen?*
Verkäufer: Dieser Apfel hier, ein Boskop, ist etwas sauer. Der Golden Delicious dagegen ist sehr süß.
Kunde: *Darf ich mal probieren?*
Verkäufer: Aber selbstverständlich. Ich gebe Ihnen ein Stück. So, bitte schön!
Kunde: *Ich nehme lieber ein Kilo Boskop.*

3. SCHON AUSGEBUCHT.

Herr Schäfer ruft im Reisebüro Fehrenberg & Co. an. Er hat vor einiger Zeit *ein Flugticket* **nach** Berlin *bestellt*. Fräulein Kyther hat ihn damals *bedient*. Am Dienstag kann Herr Schäfer nicht *fliegen*, er muß also *umbuchen*. Er kann erst *am Mittwoch* fliegen. Die Maschine um 10.10 Uhr ist aber leider *ausgebucht*. Herr Schäfer muß aber am Mittwoch ***pünktlich*** in Berlin sein. Er kann aber nicht früher abfliegen, weil er in Düsseldorf *eine Besprechung* hat. Er kommt jedoch auf die *Warteliste* für den Flug um 10.10 Uhr. Ihm wird aber auch für die Maschine um 11.25 Uhr *ein Platz reserviert*. Für den Rückflug von Berlin braucht er unbedingt *seinen Paß* oder *seinen Personalausweis*. Sein Ticket bekommt er im *Büro* der PAN AM am *Flughafen*.

4. DIE KAFFEEMASCHINE IST KAPUTT.

	1	2	3	4	5	6	7	8	9	10
R			X		X		X	X		
F	X	X		X		X			X	X

R = richtig,   F = falsch

5. EIN SOMMERHÄUSCHEN IN FINNLAND

Hans: Hallo, Inge, hier Hans. Ich war eben im Reisebüro wegen unserer Finnlandfahrt.

Inge: Prima. Hatten die günstige Angebote?

Hans: Ich finde, ja. Zuerst haben sie mir **eine** Pauschalreise angeboten. Dazu gehören *Schiffsreise* plus *Rundfahrt* und kurzer Aufenthalt in *den schönsten Gegenden Finnlands*.

Inge: Schön. Aber mit Kindern geht das doch nicht! Was gab's denn sonst?

Hans: Wir könnten in *einem Feriendorf* wohnen oder *ein Sommerhaus* mieten.

Inge: Wir sollten uns das in aller Ruhe überlegen. Hast du Prospekte mitgebracht?

Hans: Nein, aber *einen Katalog* haben sie mir gegeben.

Inge: Wir haben ja noch viel Zeit bis zu den Ferien.

Hans: So einfach ist das nicht. Wir sollten möglichst bald die Reservierung machen, denn *Sommerhäuschen sind sehr beliebt.*

Inge: Was hat denn dir am besten gefallen?

Hans: Ich habe was sehr Schönes gefunden: ein *Blockhaus* direkt am *See.*

Inge: Gibt's da auch eine Sauna?

Hans: *Natürlich.*

Inge: Wieviel Personen können denn da schlafen?

Hans: Da gibt's Platz für *sechs Personen.*

Inge: Sag mal, kann man dort auch rudern und fischen?

Hans: Klar.

Inge: Wie fahren wir? Über Schweden?

Hans: *Nein, von Travemünde nach Helsinki.*

Inge: Und wann fahren wir los? Was hast du gedacht?

Hans: Wir sollten *Mitte Juni* losfahren, und wir bleiben dort *drei Wochen.*

Inge: Hast du schon alles reserviert?

Hans *Nein, noch nicht.*

6. ICH HATTE EINEN UNFALL

	1	2	3	4	5	6	7	8	9
A		X		X		X		X	
B	X						X		
C			X		X				X

VI Interviews

1. EIN NEUER IN MÜNCHEN

Die Antworten in den folgenden drei Abschnitten sind bloß Beispiele. Ihre Antworten müssen nur die schräg gedruckten Informationen sinngemäß enthalten.

1) Kurt war *dreizehn Jahre* alt.
2) Sein Vater ist *Rechtsanwalt.*
3) Seine Mutter war *Hausfrau.*
4) Sie hatten *ein Einfamilienhaus.*
5) Er verliebte sich *in seine Sekretärin.*
6) Er *verließ Kurt* und *seine Mutter.*
7) Er war *sieben Jahre* alt.
8) *Seine Mutter* war an Krebs *gestorben.*
9) Es gab anfangs *ziemlich große Schwierigkeiten.* Kurt hatte viele *Vorurteile gegen seine Stiefmutter.*
10) Er *versteht sich mit seiner Stiefmutter sehr gut.* Sie ist *eine echte Freundin* für ihn.
11) Früher war Kurts Verhältnis zu seinem Vater *sehr gut.* Er *liebte ihn* und hatte *einen engen Kontakt* zu ihm.
12) Der Kontakt zu seinem Vater ist jetzt *kühl* und *sachlich.* Kurt hat *selten Krach* mit ihm. Sein Vater *versucht ihn zu verstehen.*
13) Er hat *wenig Freunde, nur einen richtigen.*
14) Kurt ist *schüchtern* und *kontaktarm.*
15) Er hat *keine großen Erwartungen.*

2. MARIUS DER MUSIKER

1) Ich spiele eine elektronische *Baßgitarre.*
2) Nein, das habe ich *von meinen Eltern geschenkt* bekommen.
3) Zu einem elektronischen Instrument *gehört ein Verstärker.*

4) Mein Verstärker z.B. hat *1000,- DM* gekostet.
5) Ich kriege *zum Geburtstag Geld* geschenkt und gelegentlich *jobbe* ich auch.
6) Ja, ich *spiele mit vier Freunden* in einer Band.
7) Wir treffen uns *bei einem Freund zu Hause im Keller.*
8) *Nein,* das wäre viel *zu laut.* Die *Nachbarn* würden *meckern.*
9) Stefan spielt *Gitarre,* ich *Baßgitarre,* Peter *Schlagzeug* und Jürgen *Orgel.*
10) Jürgen ist *Lehrling* in einer Fabrik. Der kann sich *mehr leisten als ein Schüler.* Er bekommt außerdem *viel Taschengeld.*
11) *Ja,* natürlich. Aber wir sind *noch nicht gut genug.* Wir brauchen noch ein bißchen Zeit.
12) Wir bewundern die *Rockgruppe 'Wishbone Ash'.*
13) Ja, wir haben hier ein paar gute, z.B. die *'Bo Bo Bolinskis Blues Band'* und die *Rockgruppe 'Frantic Dwarf'.*
14) *Nein,* wir haben *noch keinen guten Namen gefunden.*

3. EINE KLEINE UNO

Was ist Herr Klunker von Beruf? - *Physiker.*
Wo arbeitete er früher? - In einem Forschungs*institut.*
Wo arbeitet er jetzt? - *In der Schule.*
Warum ist er von der Forschung weggegangen? - Er wollte lieber *pädagogisch* arbeiten.
Welchen Beruf hat Frau Klunker? - Sie ist *Ärztin.*
Warum haben die Klunkers Kinder adoptiert? - Ihrer Meinung nach *gibt es so viele Kinder, die eine Familie brauchen.*
Die meisten Menschen können nur ihre eigenen Kinder richtig lieben. Was sagen die Klunkers dazu? - *Man kann auch fremde Kinder lieben.*
Sind die Adoptivkinder den Klunkers wirklich genauso lieb wie die eigenen Kinder? Was sagen sie selbst dazu? - *Ja, genauso lieb.*

Wann haben die Klunkers ihr erstes Kind adoptiert? - Als sie *ihr erstes Kind bekamen.*
Wie alt sollte ihr erstes Adoptivkind sein? - *Genauso alt wie ihre Julia.*
Es ist gar nicht so einfach, ein Kind zu adoptieren. Was haben die Klunkers als erstes getan? - Sie setzten sich mit *verschiedenen Organisationen* in Verbindung.
Woher kam Nicole? - Aus *Amerika.*
Wie alt war sie, als sie zu Klunkers kam? - *Neun Monate.*
Nicole ist farbig. Hatten die Klunkers das gewünscht? - *Nein, es war Zufall.*
Die Klunkers haben auch einen Sohn, Daniel. Wann wurde er geboren? - *1971.*
Dann haben die Klunkers Shandor adoptiert. Wer ist sein eigener Vater? - *Ein afrikanischer Student.*
Später wollen die Kinder natürlich wissen, warum sie so verschieden sind. Wie wollen die Klunkers ihnen das erklären? - *Ganz ehrlich.*
Welches Erziehungsprinzip haben die Klunkers? - Das Wichtigste ist, daß die Eltern *immer für die Kinder da sind.*

VII Telefonate

1. ES IST SO HEIß

I

	1	2	3	4	5
A	X			X	
B		X	X		
C					
D					X

II

	1	2	3
A			
B		X	
C	X		
D			X

2. DEUTSCHKENNTNISSE GUT

Herr Schubert: Frau Bachmann, könnten Sie so nett sein und mir ein bißchen helfen? Morgen kommt eine junge Dame hierher, die eine Stelle sucht. Ich habe schon mit ihr gesprochen, aber morgen bin ich nicht da. Wäre es möglich, daß die Dame zu Ihnen kommt?

Frau Bachmann: Natürlich, Herr Schubert. Worum geht es denn?

Herr: Die Dame hatte unsere *Anzeige* in der Zeitung gesehen. Ich meine die, wo wir *eine Korrespondentin* suchen. Und jetzt möchte sie gern zu uns kommen.

Frau: Wie lange soll sie denn bei uns arbeiten?

Herr: Nur *drei Monate*. Sie wird die Stelle von Frau Büttner bekommen.

Frau: Ist Frau Büttner krank?

Herr: Nein, sie *erwartet ein Baby*.

Frau: Wann beginnt denn die Neue bei uns?

Herr: Am *1. März* kann sie anfangen.

Frau: Wie ist ihr Name?

Herr: Sie heißt Brita Sundström.

Frau: Sundström? Ist das eine Schwedin?

Herr: *Nein, sie ist Finnin.*

Frau: Was für eine Ausbildung hat sie?

Herr: Sie hat *Abitur* gemacht und schon *zwei Jahre* in Helsinki *studiert*.

Frau: Was macht sie denn hier in Köln?

Herr: *Sie studiert hier.*

Frau: Kann Fräulein Sundström gut maschineschreiben?

Herr: Ich glaube schon. Sie hat nämlich *einen Kurs* an der Volkshochschule gehabt.

Frau: Wie sind ihre sonstigen Sprachkenntnisse?

Herr: Sie spricht *Englisch, Schwedisch und Finnisch*.

Frau: Und wann kommt sie morgen?

Herr: *Am Vormittag, gegen zehn Uhr*.

Frau: Hoffentlich findet sie den Weg!

Herr: Keine Angst! Ich habe ihr gesagt, sie soll *Linie siebzehn* bis Habsburgerring nehmen.

Frau: Ich bin ja mal gespannt! Wie alt ist sie?
Herr: *22.*
Frau: Spricht sie gut deutsch?
Herr: *Ja, sehr gut.*
Frau: War sie früher schon mal in Deutschland?
Herr: Das weiß ich nicht. Sie hat ihr Deutsch *in der Schule* gelernt.

3. WAS MACHST DU DENN HIER IN WIEN?

Die Antworten sind bloß Beispiele. In ihren Antworten müssen nur die schräg gedruckten Informationen vorkommen.

I

1) Er ist *Journalist.*
2) Er ist *beim Fernsehen* beschäftigt.
3) Er kommt *aus der Schweiz.*
4) Er ist *Chemiker* von Beruf.
5) Er *nimmt an einer Umweltschutzkonferenz teil.*
6) Er hat *Aschenbach im Fernsehen gesehen.*
7) Sie haben *zusammen in München studiert.*
8) Er lädt ihn zunächst zu sich *nach Hause* ein.
9) *Aschenbach wohnt weit draußen,* außerhalb der Stadt.
10) Sie treffen sich *in der Europa-Bar am Ring.*
11) *Acht, neun Jahre* haben sie sich nicht gesehen.

II

	1	2	3	4
A				
B	X			
C		X		X
D			X	

VIII Diskussionen

1. ÄRGER MIT DEM URLAUB

Die Antworten sind wieder bloß Beispiele. Ihre Antworten sind richtig, wenn in ihnen die schräg gedruckten Informationen sinngemäß vorkommen.

1) Das *Hotel*, das *Essen*, das *Wetter* und der *Strand* waren *sehr gut*.
2) *Mit Deutschen* kann er *sich verständigen*.
3) Mit dem *Auto* kann man sich *freier bewegen*.
4) Sie findet *Rimini langweilig*. Sie mag nicht den ganzen Tag am Strand rumliegen.
5) Er möchte *anders Ferien machen* und *nicht* bloß *nichts tun*.
6) *In seinem Beruf* muß er *mit vielen Menschen sprechen*. Das ist sehr *anstrengend*.
7) Er *sieht das ganze Jahr* über *seine Familie* zu *wenig*. Der Urlaub ist für ihn die einzige Möglichkeit, einmal nur mit seiner Familie zusammen zu sein.
8) Sie ist nur Hausfrau und wohnt in einem Vorort. Das Leben dort ist sehr langweilig. Sie hat wenig Kontakt zu anderen Menschen, und die Familie ist ihr Lebensinhalt. Deshalb möchte sie *im Urlaub neue Menschen kennenlernen, freier sein als sonst und etwas Neues erleben*.
9) Sie fühlte sich *einsam* und fand *keinen Kontakt zu den älteren Menschen*.
10) Er möchte *nicht mit der Familie zusammen in Urlaub* fahren, weil *sein bester Freund* in den Ferien *zu Hause bleibt*.
11) *Jeder* soll *seine Ferienwünsche auf einen Zettel schreiben*.
12) Sie sind *einverstanden*.
13) Sie hat *in Reiseprospekten geblättert*.

14) Sie möchte *lange schlafen, im Bett frühstücken, wandern ohne Auto, viel ins Kino gehen, schwimmen, ein Boot mieten, lesen, in der Stadt bummeln, Picknick mit Lagerfeuer machen,* in *Beatkonzerte gehen, toll essen gehen* und *abends lange aufbleiben.*
15) Er möchte *Abenteuer erleben.*
16) Er hat *eingesehen,* daß er *egoistisch war.*
17) Sie bemerkt, daß sie *im Urlaub doch viele gemeinsame Interessen* haben.

2. PROBLEME IM ELTERNHAUS

Wie ist das Verhältnis zu den Eltern?

	S	H	C	K
1			X	
2		X		
3	X	X	X	X
4	X			X
5			X	
6	X			X
7			X	
8		X	X	

Warum gibt es Schwierigkeiten?

	S	H	C	K
1		X		
2		X	X	
3	X			
4				X

Wie könnte man das Verhältnis verbessern?

	S	H	C	K
1	X			
2		X		
3			X	
4			X	X

S = Silke   H = Hartmut   C = Christine   K = Klaus

3. ÜBER SINN UND UNSINN DER ZENSUREN

	1	2	3	4	5	6	7	8	9	10
A			X	X			X			
B					X	X		X	X	
C	X	X								X